www.tredition.de

AF198317

Thomas Fink

Hast Du etwas ZEIT für mich?

Ich zeige Dir Wege raus aus dem Hamsterrad hinein in ein bewusstes Leben

© 2017 Thomas Fink

Verlag: tredition GmbH, Hamburg

ISBN
Paperback: 978-3-7439-0511-5
Hardcover: 978-3-7439-0512-2
e-Book: 978-3-7439-0513-9

Printed in Germany

Vorwort

Der Titel des Buches „Hast Du etwas Zeit für Mich?" bezieht sich tatsächlich auf die Zeit, die Sie sich für mich, das Buch, nehmen. Es ist somit die Frage an Sie, ob Sie gerade wirklich Zeit haben diese Zeilen und Seiten zu lesen oder zu studieren. Natürlich beansprucht es Ihre Zeit, wenn Sie zu lesen beginnen. Mein Ansinnen ist es, dass Sie mich lesen, wenn Sie die Ruhe dafür haben. Genau deswegen habe ich mich für diesen Titel entschieden.

Ich hatte überlegt, ob ich den Titel besser „Hast Du etwas Zeit für Dich?" nenne. In diesem Buch geht es vor allem um Sie, den Leser. Von diesem Standpunkt aus ist es mir wichtig, dass Sie in Ruhe lesen, sich Gedanken machen und Schlussfolgerungen ziehen können. Vielleicht gelingt es mir, Ihre Gedankenwelt ein wenig auf- und durchzurütteln.

Also: Viel Spaß!

Einleitung

Wir alle leben unser Leben so gut, wie wir es können und soweit wie es in diesem Zusammenhang unsere Glaubenssätze und erlernten bzw. übernommenen Programme zulassen. Nur leider erkennen wir diese Muster und Glaubenssätze nur selten ohne fremde Hilfe. Aus diesem Grund stellen wir uns oft die Fragen:

Warum passiert mir das immer wieder?

Warum schaffe ich es nicht, genug Geld zu verdienen?

Warum finde ich nicht den richtigen Partner oder Job?

Die Ursache hierfür finden wir in dem Gesetz der Resonanz; es ist auch als Gesetz von Ursache und Wirkung bekannt. Dieses Gesetz der Resonanz können wir auch als den Spiegel der Wahrheit in unserem Leben bezeichnen.

Jeder kennt das Märchen von Schneewittchen und dem damit verbundenen Satz: „Spieglein, Spieglein an der Wand, wer ist die Schönste im ganzen Land?"

In Ihrem und auch in meinem Fall ist dieser Spiegel unser Leben, unsere Lebensumstände wie Finanzen, Beziehungen, Job, das Land, in dem wir leben, unsere Kinder, Freunde usw.

Der Grund ist, dass wir uns unser Leben selbst erschaffen; und zwar alles. Das, was wir mögen und lieben, genauso wie das, was wir ablehnen und hassen. Das Gesetz der Resonanz ist im Grunde eine einfache Sache. Lediglich die Strukturen, in denen die Prozesse ablaufen, oder für uns sichtbar werden und wirken, scheinen für uns kompliziert und komplex. Unser Spiegel, das Leben, zeigt uns, was mit uns los ist.

Dieses Buch wird Ihnen in auf der einen Seite die Gründe aufzeigen, warum wir uns wie auf Schienen bewegen und auf der anderen Seite diese Gründe hoffentlich so erklären, dass Sie, lieber Leser, meinen Gedanken folgen können und zusätzlich die Wege erkennen, wie Sie diese Schienen verlassen können. Es ist wichtig, zu verstehen, wie dieses Gesetz unser Leben bestimmt. Denn das Gesetz der Resonanz bildet oder erschafft unser Leben mit allen Höhen und Tiefen, mit allem Glück und allem Schmerz. Der Spiegel zeigt uns lediglich, wo eine Veränderung angebracht wäre, um reich, glücklich und zufrieden zu leben.

Aus diesem Grund wird Ihnen in einem weiteren Teil des Buches dargestellt, wie Sie Ihre „Hamsterräder", in denen Sie laufen, im Spiegel erkennen können und im nächsten Schritt wie Sie daraus aussteigen können. **Veränderung und Erneuerung in Ihrem Leben zu erschaffen, ist definitiv möglich.**

Die Techniken, die in diesem Buch vorgestellt werden, habe ich aus verschiedenen Büchern und Seminaren zusammengetragen und habe sie selber angewandt und getestet. Dabei durfte ich erfahren, wie schnell sich Ergebnisse einstellen, mit denen meine Frau, meine Freunde und selbst ich nicht gerechnet hätten.

Es ist auch nicht wichtig, ob Sie allem zustimmen, was ich hier niedergeschrieben habe. Es geht in diesem Buch vor allem darum, Ihnen Werkzeuge an die Hand zu geben, die einfach zu handhaben und dabei wirkungsvoll sind. Wichtig ist hier nur eines. Das TUN.

Zu diesem TUN gehört für mich auch, darüber nachzudenken, ob das, was Sie gelesen haben, für Sie annehmbar sein kann oder ist. Dies mag Ihnen Mut machen, sich weiter zu entwickeln, an sich zu arbeiten und nicht frühzeitig aufzugeben. Es ist das Sinnvollste, was Sie tun können: Zu wachsen und sich zu entfalten, denn das ist unser Ziel als Seele.

Am besten lesen Sie das Buch zwei Mal. Das erste Mal, um sich einen Überblick über die Techniken und die Methoden zu verschaffen, die ich Ihnen vorstelle. Das zweite Mal in Ruhe und mit der Motivation, die Techniken zu nutzen oder auszuprobieren, die Ihnen für Sie selbst passend erscheinen. Die anderen testen Sie einfach aus, wenn Ihnen danach ist. Die Verantwortung im Umgang mit Ihren Themen liegt bei Ihnen und sonst bei keinem anderen Menschen.

Zur meiner Person

Damit Sie mich besser einschätzen und einordnen können, gebe ich Ihnen einen kurzen Einblick in mein Leben. Geboren wurde ich 1962, machte mein Abitur, war dann bei der Bundeswehr und studierte anschließend Luft- und Raumfahrttechnik in Aachen. Nach dem Studium arbeitete ich lange Jahre in der Finanzdienstleistung und absolvierte mit Anfang 40 meine Ausbildung zum Diplom Mentalcoach und kurz danach durchlief ich meine Ausbildung in der schamanischen Heilarbeit.

Der Grund mich für diese Heilarbeit zu interessieren, wurde durch die eigene Heilung gegeben. Eine einzige Heilsitzung am Telefon befreite mich von einer Allergie und Asthma, die ich seit meiner Kindheit, immerhin fast 40 Jahre, mit mir trug.

Das war eine einschneidende Erfahrung. Schließlich hatten weder Ärzte noch Heilpraktiker mir helfen können, die Allergie ein für alle Mal los zu werden.

Konsequenter Weise begann ich daraufhin, meine Coaching-Klienten zu fragen, ob sie sich auch darauf einlassen würden, eine andere Methode als die bekannten Coachingtools zu testen. Die Erfolge, die ich mit der Heilarbeit bei meinen Klienten erzielen konnte, waren erstaunlich.

Schnellere und nachhaltigere Veränderungen als im Coaching fanden mit Hilfe der Heilarbeit statt. Egal ob es nun gesundheitliche Themen waren, oder ob es um Beruf, Partnerschaft oder gar Finanzen ging.

Immer öfter stellte ich mir die Frage: Was hat sich für den Klienten verändert oder was habe ich bei ihm verändert?

Immer wieder stieß ich auf das Konzept des Gesetzes der Resonanz, ohne es bis dahin wirklich zu begreifen.

Was ich im Laufe der Zeit zu verstehen begann, ist, dass es viele Wege gibt, das Gesetz der Resonanz bzw. das Spiegelgesetz für sich selbst zu nutzen und zu beginnen, die Dinge zu verändern. Dazu im Laufe des Buches mehr.

Durch den Kontakt zu einem Sprechmedium, begann ich zu verstehen, dass wir als Seelen uns Lern- oder Entwicklungsaufgaben stellen, die wir während unseres Erdenlebens bewältigen und erreichen wollen. Zur Erreichung dieser Ziele benötigen wir bestimmte Werkzeuge. Eines davon ist die Angst. Daher gleich zu Beginn die klare Aussage: Keiner wird je völlig frei von Angst sein. Allerdings gibt es die Möglichkeit, sich der oder den Ängsten zu stellen und daran zu wachsen, wodurch die Angst annehmbar wird und zunehmend ihren Schrecken verliert. Das führt dazu, dass wir ruhiger und befreiter unser Leben leben dürfen.

Während ich dieses Buch schreibe, blicke ich auf rund 12 Jahre Berufserfahrung als Heiler und Coach zurück. Hier möchte ich Ihnen meine Erkenntnisse näherbringen und vielleicht dem einen oder anderen Leser neue Sichtweisen auf sein Leben ermöglichen und damit verbunden: Veränderung.

Denn nichts ändert sich, außer Sie ändern sich.

Dabei geht es nicht um gravierende Veränderungen im Außen, sondern um die Veränderungen im Inneren. Diese innere Neuordnung sorgt dann für ein neues Erleben der Welt, eine Neuordnung im Außen, im eigenen Fühlen und Denken.

Meine große Bitte ist, dass Sie so unvoreingenommen wie möglich sich dieses Buch erschließen; Thesen zustimmen oder diese ablehnen, sie reflektieren und sich dann doch neu entscheiden und die Thesen annehmen oder ablehnen. Das ganze Leben ist ein Voranschreiten, ist Entwicklung. Sich nicht entwickeln geht nicht und selbst die unerfreulichen Umwege, die wir einschlagen, gehören zu dieser Entwicklung.

Also: Ent-Falten Sie sich und Ent-Wickeln Sie sich.

Viel Spaß dabei. Denn Erfolg haben Sie sowieso.

Der Spiegel Deiner Wahrheit oder Das Gesetz der Resonanz

Siddhahrta Gautama:

„Wir sind, was wir denken.

Alles, was wir sind, entsteht aus unseren Gedanken.

Mit unseren Gedanken formen wir die Welt."

Offenbar ist die Erkenntnis, dass unsere Gedanken die Welt formen nichts Neues. Wobei die Wörter „die Welt" eine große Bedeutung haben. Es ist als aller Erstes unsere täglich erlebte Welt, die wir formen und damit allerdings auch „die Welt" an sich. Unsere Gedanken drehen sich vor allem um uns selbst; aber ebenso drehen sich unsere Gedanken um politische Entscheidungen, die Wirtschaft, das Bildungssystem, unsere Ängste vor Terroranschlägen, unsere Eltern, unsere Partner, unsere Kinder, unseren Job, unseren Chef, unsere Gesundheit, das Geld, das Auto etc. So erschaffen wir, ohne über unser Denken einmal nachzudenken, unsere und die Welt an sich. Jeden lieben und neuen Tag, jede Stunde, jede Minute, jede Sekunde.

Wir haben also diese Welt, so wie sie sich Ihnen jetzt darstellt selbst erschaffen. Und das bedeutet: wir, Sie können diese Welt auch verändern.

Warum ist das so?

Alles ist Schwingung. Unser Körper ist auf atomaren Strukturen aufgebaut. Diese Atome mit Ihren Elektronen, Neutronen und all den anderen Teilchen besitzen je nach Element eine eigene Schwingung. Es ist das Erleben des Gesetzes der Resonanz, was uns zeigt, wie dieses Prinzip funktioniert. Spielen Sie auf einer Gitarrenseite oder Geigenseite einen Ton an, können Sie feststellen, dass andere Seiten oder auch Gegenstände ebenfalls mitschwingen. Diese gehen in Resonanz mit dem angespielten Ton. Wird ein anderer Ton angespielt, schwingen andere Seiten oder Gegenstände mit und die Seiten, die vorher noch mitschwangen, tun es nicht mehr oder nicht mehr so stark.

Dieses Resonanzverhalten kann so weit gehen, das Gläser zerspringen, weil ihre Struktur keine andere Möglichkeit sieht, der durch die Resonanz erzeugten Schwingung nachzugeben. Die durch den Ausgangston erzeugte Schwingung im Glas zerstört dieses oder seine Form. Das heißt, es hat eine Transformation durchlaufen: von einem Glas zu einem Haufen Scherben. Wir nennen so etwas dann gerne Schicksalsschlag. Hier liegt das Geheimnis für uns Menschen. Transformieren wir nicht die Energien, die uns belasten, passiert mit uns das Gleiche wie dem Glas: wir „zerspringen!"

Dieses Zerspringen äußert sich für uns oft in „plötzlich" eintretenden dramatischen Lebensumständen, wie schwere Krankheiten, berufliche Misserfolge oder auch Trennungen in Partnerschaften.

Das Gesetz der Resonanz bedeutet für uns Menschen Folgendes:

Die Schwingungen, egal ob in Form von Gedanken, Worten oder Taten, die ich aussende, führen dazu, dass ich mir in meinem Leben Situationen erschaffe, die mit mir in Resonanz gehen. Diese Situationen halten mir den Spiegel dessen vor, was ich gedacht, gesagt oder getan habe. Das heißt, egal, ob mir mein Leben gefällt oder nicht gefällt, ich habe es mir selbst erschaffen.

Oder noch deutlicher ausgedrückt: **Ich, DU, wir alle sind nicht Opfer der Umstände; wir ERSCHAFFEN die Umstände.**

Was heißt das im Weiteren für uns.

Ganz einfach: **wir alle sind Schöpfer.** Wir erschaffen alles, was wir erleben und erfahren. Alles, was erschaffen wurde und noch erschaffen wird, muss zunächst einmal als Idee gedacht worden sein. Eine Idee ist erst einmal ein Gedanke, manchmal auch ein starkes Gefühl aus dem die Idee entsteht. Dieser Gedanke an sich ist zunächst einmal neutral. Die Bewertung, die wir diesem Gedanken geben, erzeugt in uns ein Gefühl und dieses Gefühl kann uns motivieren oder demotivieren, ist Angst oder Freude, ist Schmerz oder Lust. Falls Sie dazu einen Beweis benötigen, machen Sie die folgende Übung.

Übung 1: Alles ist jetzt

Nehmen Sie sich ein paar Minuten Zeit, lehnen Sie sich zurück, atmen Sie ein oder zwei Mal tief durch und erinnern Sie sich jetzt bitte einmal an ein Ereignis, welches Sie für sich als ein unangenehmes Geschehen bewerten und achten Sie darauf, wie Ihr Körper und Ihr Geist darauf reagieren.

Falls Sie möchten, notieren Sie sich kurz Ihre Reaktionen auf dieses Ereignis.

Nutzen Sie die folgenden Fragen dazu:

-Wie veränderte sich mein körperliches Empfinden?

-Welche Emotionen konnte ich feststellen?

-Wo spürte ich etwas in meinem Körper; im Hals, im Magen, im Rücken, im Brustbereich, in den Armen oder Beinen usw.?

-Welche Gedanken oder Sätze gingen mir hierzu durch den Kopf?

Der zweite Teil der Übung besteht darin, dass Sie sich das schönste Erlebnis Ihres Lebens vorstellen. Achten Sie wieder auf Ihre Gefühle, Ihre Gedanken und Ihren Körper und beantworten Sie sich die gleichen Fragen wie oben.

Die gleiche Übung können Sie übrigens auch machen, indem Sie sich in Ihre schlimmste Angst für die Zukunft einfühlen und sich anschließend Ihren größten Wunsch ansehen.

Was zeigt Ihnen diese Übung und was haben beide Teile miteinander zu tun?

Die Erinnerungen, die Sie soeben noch einmal durchlebt haben, gehören zu Ihrer Vergangenheit. Diese Erlebnisse haben Sie vielleicht schon lange hinter sich gelassen. Dennoch konnten Sie, wie ich vermute, deutliche Reaktionen feststellen. Eventuell fühlten Sie sich im ersten Teil der Übung niedergeschlagen, erstarrt, gelähmt, den Tränen nahe, was auch immer. Ihre Energie war vielleicht auf dem Nullpunkt. Während Sie im zweiten Teil der Übung sich womöglich eher euphorisch, fröhlich und ausgelassen fühlten, voller Tatendrang oder voll der Liebe waren, je nachdem, an welches Ereignis Sie gedacht haben.

Doch noch einmal: die Reaktionen Ihres Körpers und Ihrer Gefühle konnten Sie JETZT spüren, obwohl beide Ereignisse in der Vergangenheit liegen. Sie haben mit dem jetzigen Augenblick nichts zu tun. Und doch konnten Sie deren Einfluss spüren.

Ausgelöst werden diese Gefühle durch die Bewertungen, die Sie den Ereignissen in der Vergangenheit zugeordnet haben. Was dann geschieht, ist, dass Sie die Ereignisse unbewusst katalogisieren und in schlecht oder unangenehm, neutral, negativ oder positiv einordnen. Finden Sie das eine Erlebnis toll und positiv, steigt Ihre Energie an. Während Sie bei anderen Ereignissen, die Sie ablehnen, weil es für Sie so schmerzvoll war, spüren können, wie Ihre Energie abnimmt. Sie wollen das nicht mehr erleben.

Diese Übungen zeigen uns allerdings auch, dass diese Ereignisse in unserem Körper gespeichert sind. Wo? Das verraten Ihnen die körperlichen Reaktionen.

Bitte bedenken Sie dabei immer eines: beide Erlebnisse, das positive wie das negative Erlebnis, dienten als Erfahrung für Ihre Entwicklung und spiegelt Ihre tiefsten und innersten Wahrheiten.

Wasche nicht den Spiegel

Warum liegt im Spiegel die Wahrheit? Und Warum sollen Sie den Spiegel nicht waschen?

Das will ich Ihnen in kurzen Worten aufzeigen.

Stellen Sie sich vor, Sie gehen ins Badezimmer, weil Sie kurz etwas erledigen wollen. Bei einem flüchtigen Blick in den Spiegel stellen Sie fest, dass Sie Schmutz im Gesicht haben und Sie beschließen, diesen zu entfernen.

Was machen Sie?

Waschen Sie den Spiegel, damit der Schmutz aus Ihrem Gesicht verschwindet?

Wohl kaum! Denn Sie sind ja intelligent und wissen, der Dreck ist in Ihrem Gesicht und klebt nicht am Spiegel? Wer würde schon den Spiegel waschen, damit er sein Äußeres reinigt und es damit positiv verändert?

KEINER!

Doch im täglichen Leben versuchen Sie ständig, die Anderen zu waschen oder zu verändern, damit sich Ihr Leben verbessert. Sie versuchen also den Spiegel zu waschen oder das Spiegelbild zu verändern, damit er Ihnen etwas Schöneres zeigt oder etwas Besseres erleben lässt. Doch es bleibt eben nur ein Spiegel ohne Eigenleben und ohne die Macht in Ihr Leben einzugreifen.

Er zeigt Ihnen ganz WERTFREI die simple Wahrheit;

Ihr Leben, so wie es ist.

Sind Sie mit Ihrem Spiegelbild, Ihrer Lebenssituation, nicht zufrieden, dann hilft es deutlich mehr, wenn Sie sich und damit Ihr Leben verändern, als es weiterhin mit dem Versuch der Veränderung anderer Menschen zu probieren.

Wollen Sie also Ihrem Leben mehr Glanz und Freude, Fülle und Reichtum geben?

Wollen Sie reich und glücklich leben?

Wollen Sie eine glückliche und erfüllte Beziehung?

JA?

Wollen Sie das WIRKLICH?

Dann bleibt nur die Möglichkeit, dass Sie sich in Ihrem Inneren verschönern, aufhübschen, wertvoll machen, sich lieben, sich reich fühlen usw. Das ist mit stetiger Arbeit verbunden. Wobei stetig heißt: Sie müssen etwas TUN. Dabei ist es egal, ob Sie es einmal die Woche tun oder einmal am Tag. Das hängt einfach von Ihrem Wunsch ab, wie schnell eine Veränderung eintreten soll.

Wie Sie das mit einfachen Übungen erreichen können, will ich Ihnen mit diesem Buch näherbringen.

Doch zunächst gilt es einige Grundlagen zu verstehen, die für alle Menschen gelten, auch für mich. Ich musste Sie freudvoll und leidvoll erlernen und hoffe, Ihnen mit diesem Buch, die leidvollen Erfahrungen in einem größeren Rahmen ersparen zu können oder zumindest verständlich zu machen. Ich denke nicht, dass dieses Buch Ihnen alles erspart. Zweifel und Ängste kommen anfangs noch oft genug zurück. Doch die Begegnungen mit Ihnen werden weniger und seltener mit der Zeit und zwar oft schneller, als Sie jetzt noch denken.

Schwingungen, die wir aussenden

Die Wirkung des Gesetzes der Resonanz zeigt sich, wie schon gesagt, in Ihren Lebensumständen und zwar auf allen Gebieten und Ebenen; manchmal nur sanft oft aber auch mit klarer Härte. Die Quelle für die unterschiedlichen Schwingungen, die wir aussenden, liegt in uns und dort zumeist in unserer Kindheit oder in den Erfahrungen, die Sie gerade in der Übung noch einmal durchlebt haben.

Die Faktoren, die eine wichtige Rolle spielen, wenn Sie Schwingungen oder Energien aussenden, sind Ihre Gefühle und Ihre Programme, Glaubenssätze oder Seelenverträge. Diese können Sie im Spiegel Ihres Lebens erkennen.

Den Unterschied zwischen Programmen, Glaubenssätzen oder Seelenverträgen werde ich Ihnen jetzt gerne beschreiben. Wobei ich aus meiner Sicht der Dinge schreiben werde, wie sie sich mir durch meine Arbeit und den damit verbundenen Erfahrungen darstellen.

Die Seelenmatrix

Zu Beginn erwähnte ich bereits, dass wir alle Seelen sind, die auf ihrem Weg der Entwicklung voranschreiten. Bevor eine Seele inkarniert, entwickelt sie einen Plan, welche Entwicklungsziele sie erreichen will. Es gibt für eine Seele einige Auswahlmöglichkeiten aus Kriterien, die Ihr ein Wachstum ermöglichen. Zuerst wählt die Seele eine aus sieben Seelenrollen aus, die Sie innerhalb Ihrer Seelenfamilie übernehmen will und die sich während ihres Inkarnationszyklusses nicht mehr ändert. Da gibt es die Rolle des Königs oder des Priesters, des Gelehrten oder des Weisen, des Künstlers oder des Heilers und den Krieger.

Sie wählt aus den sieben Urängsten eine Hauptangst und eine Nebenangst aus: Gier, Selbstverleugnung, Selbstsabotage, Ungeduld, Märtyrertum, Starrsinn, Hochmut. Wobei das Hauptmerkmal der Angst so zu verstehen ist, wie die Wurzel und der Stamm eines Baumes. Das Nebenmerkmal sind die Zweige und Äste des Baumes und bestimmt, wie wir mit uns selbst umgehen.

Natürlich gibt es auch ein Entwicklungsziel welches aus sieben Zielen ausgewählt wird. Diese Ziele sind: Verzögern, Ablehnen, Unterordnen, Stillstehen, Akzeptieren, Beschleunigen, Herrschen.

Außerdem gibt es noch eine Auswahl zu treffen aus sieben Mentalitäten, sieben Modi und sieben Reaktionsmustern. Alles in allem eine komplexe Aufgabe, der die Seele gegenübersteht, wenn sie eine Inkarnation und die damit verbundenen Entwicklungsziele oder Lernfelder plant.

Stellen wir uns dann noch vor, dass die Seele sich das Land, den Ort und seine Eltern aussucht, weil es in diesem Land und speziell in diesem Ort die besten kulturellen Bedingungen vorfindet, um seine Entwicklung voranzubringen, so beginnen wir langsam zu begreifen, wie komplex eine solche Aufgabe ist.

Die Eltern sucht sich die Seele aus, damit auch der Körper, durch die genetischen Voraussetzungen der Eltern, das passende Gewand während einer Inkarnation ist. Vielleicht braucht diese Seele in diesem Leben einen starken, kränklichen oder behinderten Körper, um sich best möglich entwickeln zu können. Vielleicht braucht die Seele einen Körper und eine Psyche, die zur Sucht oder zur Krankheit neigen, die beherrschen oder liebevoll sein wollen.

Und dann gibt es immer noch eine nicht kalkulierbare Größe: den freien Willen oder besser den Willen zur freien Entscheidung. So kann es sein, dass sich die Seele Ihre Eltern aus bestimmten Gründen ausgesucht hat; weil diese Eltern mit großer Wahrscheinlichkeit einen gesuchten Rahmen für die Entwicklung des Kindes bieten. Doch plötzlich trennen sich die Eltern, weil diese eine Entscheidung getroffen haben, die nicht absehbar war; und schwupps, sind die Bedingungen andere als geplant.

Sie sehen, eine Seele hat es auch nicht leicht, sich gut für eine Inkarnation und der damit verbundenen eigenen Entwicklung vorzubereiten. Schließlich sprechen sich die Seelen mit anderen Seelen ab, damit sie sich gegenseitig die gewünschten Erfahrungen beibringen dürfen.

Zu guter Letzt wird der inkarnierte Mensch auch noch mit unterschiedlichsten Programmen und Mustern bestückt, die er im Laufe seines Lebens lernt und die ihn zunächst fast unbemerkt lenken und sein Leben bestimmen.

Programme

Viele Programme werden in der Kindheit geschrieben. Ich sage absichtlich geschrieben, denn Programme werden geschrieben, ähnlich denen für einen Computer. Sind sie geschrieben, können sie kopiert und geändert werden. Das dies in unserer Kindheit passiert, liegt daran, dass wir alle unsere Eltern bedingungslos als unsere „Götter" akzeptieren. Sie füttern uns, sie waschen uns, sie machen uns sauber, sie ziehen uns an usw. Sie erhalten uns am Leben. Es müssen Wesen sein, welche die Wahrheit kennen.

Aus diesem Grund glauben wir, dass alles, was sie tun und sagen, die Wahrheit ist oder die Wahrheit sein muss. So, wie sie es tun, wird es richtig sein; also kopieren wir ihr Verhalten. Sogar ihre Bewegungsmuster, ihre Art Probleme zu lösen usw. Schließlich sorgen sie, wie schon gesagt, für unser Überleben. Wir hinterfragen in diesem Alter, zwischen Geburt und dem sechsten Lebensjahr, nicht die Taten und Worte unserer Eltern und wir übernehmen diese „Wahrheiten" ungefiltert.

Später wundern wir uns plötzlich, warum wir unser Verhalten so schwer ändern können. Nun es ist uns in Fleisch und Blut übergegangen.

So entstehen Programme.

Ein Beispiel kann folgendes sein: Die Mutter hat alles im Griff innerhalb der Familie und auch den Vater. Sie organisiert alle Fahrten der Kinder und bestimmt den Ablauf innerhalb der Familie. Der Vater hingegen liebte es, auf dem Sofa zu liegen und sich Gedanken zu machen. Zu allen Taten musste er angetrieben werden. Am stärksten erlebte dies die Jüngste der Familie. Jahre später beabsichtigte die inzwischen junge Frau mit einer Freundin zusammen zu ziehen. Kaum stand der Umzug an, zeigte sich das alte Programm. Ihre Freundin wurde von ihr organisiert. Sie sagte ihr, was bis wann getan werden musste. Wo noch etwas angemeldet werden musste und bis wann. Nachdem die Beiden zusammenlebten, begann das Programm weitere alte Muster in Kraft zu setzen. Die dynamische Tochter organisierte alles, während Ihre Freundin sich eher auf dem Sofa wiederfand. Ihr Tun in der Gemeinschaft war sehr eingeschränkt.

Diese Programme zeigen Ihnen, wie Ihre Eltern mit sich selbst und mit Ihnen umgegangen sind, wie sie Probleme und Schwierigkeiten lösten, ihr Leben organisierten, Freundschaften aufbauten, über die Welt urteilten, usw.

Hatten Sie die Erlaubnis sich auszuleben oder wurden Sie eingeschränkt? Hatten Sie die Möglichkeit sich selbst und Ihre Kräfte zu
testen oder wurden Sie immer wieder ausgebremst? Ließen Ihre
Eltern Sie erfahren, was es heißt Verantwortung zu übernehmen
oder hatten Sie Helikoptereltern, die Sie überall beschützten oder
überwachten, aus Angst es könnte etwas passieren oder weil sie
die Kontrolle nicht verlieren wollten?

Haben sich Ihre Eltern oft gestritten oder gingen Sie liebevoll miteinander um? War ihr Zusammenleben ein Miteinander oder ein Ge-
geneinander? Gab es oft Geldsorgen oder war genug Geld vorhanden? Nahmen sich Ihre Eltern vor Ihnen in die Arme oder nicht?
Wer war der Chef im Familienunternehmen, Ihr Vater oder Ihre Mutter?

Die ganze Zeit während wir heranwachsen beobachten wir unsere
Eltern und lernen von ihnen, kopieren ihr Verhalten, ihre Sprache,
ihren Ausdruck, ihren Gang, ihre Vorlieben und Abneigungen. Natürlich gibt es auch die Muster, die wir ablehnen und kopieren dabei
die Art der Ablehnung im Ablehnen. Egal wie wir es angehen, wir
sind sehr nahe an dem, was wir eine Kopie unserer Eltern nennen
können. Aus diesem Grund sind dies für mich Programme. Dabei
spielt es für uns eine entscheidende Rolle, ob wir uns eher mit dem
Vater oder der Mutter verbunden fühlen oder vielleicht sogar mit
den Großeltern, weil wir dort oft hingebracht wurden, während die
Eltern ihrer Arbeit nachgingen. Wir oder unser Unterbewusstsein
wurden zunächst beschrieben und später kopierten wir noch verschiedene Verhaltensmuster auf unsere Festplatte, ohne zu hinterfragen, ob diese Programme für uns nützlich sind. Jetzt sind sie
installiert und das Löschen der Programme ist echt mühsam oder
für den einen oder anderen unter Ihnen erst einmal unmöglich, weil
Sie auf den verborgenen Sektoren der Festplatte, unserem Unterbewusstsein, geschrieben wurden. Wie gesagt, erst einmal.

Glaubenssätze

„Das Glück Deines Lebens hängt von der Beschaffenheit Deiner Gedanken ab!"

Dies sagte schon Marc Aurel; römischer Kaiser und Denker.

Glaubenssätze können förderlich oder hinderlich sein. Hier beschäftigen wir uns mit den hinderlichen Glaubenssätzen. Ein Glaubenssatz ist also ein Satz, der
1.   eine uns beherrschende Erkenntnis oder „Wahrheit" kurz und knapp zusammenfasst.
2.   Unser Leben unbewusst steuert bzw. beeinflusst.
3.   Von uns selbst erschaffen wurde oder uns von unseren Eltern mitgegeben wurde.

Zum Beispiel kann eine selbst erschaffene Wahrheit sein, dass sie nicht kreativ sind. Wie könnte so ein Glaubenssatz entstanden sein?

Zum Beispiel so:

Stellen Sie sich vor, Sie sind ein noch junger Mensch von vielleicht fünf Jahren, es ist Weihnachten oder Ihr Geburtstag. Sie bekommen ein Wasserfarbkasten geschenkt und freuen sich riesig darüber. Kaum sind Ihre Eltern aus dem Zimmer gegangen, wollen Sie Ihnen eine Freude bereiten und beginnen diese weiße Wand mit einem tollen Bild aufzufrischen. Sie sind völlig in Gedanken, in Ihrem Bild und der damit verbundenen Vorstellungswelt versunken, als sich hinter Ihnen ein Geschrei oder ein Geschimpfe erhebt. Wie kannst Du nur die Wand beschmieren? Bist Du wahnsinnig? Vielleicht gab es auch mehr als nur Worte, die Sie getroffen haben. Völlig desillusioniert, rühren Sie den Farbkasten nicht mehr an und der Satz: „Ich darf nicht kreativ sein!" ist geprägt und wird wirken, bis er aufgelöst wird.

Ich vermute, Sie können jetzt nachvollziehen, wie diese Glaubenssätze entstehen. Diese Version ist nur eine Möglichkeit. Genauso kann es geschehen, dass Sie in einen Autounfall verwickelt werden und Sie anschließend nicht mehr Auto fahren wollen, weil Sie der Meinung sind: „Ich kann nicht Auto fahren!" oder auch „Auto fahren bringt mich um!"

Ich kenne eine Frau, der es genau so ergeht. Doch viel spannender ist die Tatsache, dass fast jedes Mal, wenn sie sich in ein Auto setzt, sie in Situationen gerät, die beinahe zu einem Unfall führen. Ihr Glaubenssatz ist so stark, dass er immer wieder dafür sorgt, ihr eine Bestätigung zukommen zu lassen, die da lautet: „Ja, Autofahren ist gefährlich. Ich lasse mich besser fahren oder nehme den Bus." Was macht sie beruflich? Sie ist im Vertrieb; im Außendienst. Noch spannender finde ich es, dass sie sich aber auch nicht helfen lassen will. Welches Programm oder welcher Glaubenssatz hat also zu dieser Situation in Ihrem Leben geführt? Das ist eine spannende Frage; oder ist es der Plan der Seele gewesen, diese Erfahrung zu machen?

Natürlich kann es auch Kombinationen von Glaubenssätzen geben, die dazu führen, dass ich zum Beispiel im ständigen Geldmangel lebe.

Wie würde wohl eine Kombination von solchen Glaubenssätzen wirken?

Erster Satz: Zeit ist Geld! (diesen Satz kennen bestimmt viele Leser)

Zweiter Satz: Meine Zeit ist begrenzt! Oder „Ich habe nie Zeit!" (diese Sätze sind Ihnen wahrscheinlich auch bekannt).

Die Auswirkung kann man schon fast in eine mathematische Gleichung setzen. Denn, wenn

$$\text{Zeit} = \text{Geld} \quad \text{und}$$

$$\text{Zeit} = \text{beschränkt} \quad \text{ist}$$

Dann folgt daraus: Das Geld ist auch beschränkt.

Wie auch immer diese Glaubenssätze entstehen oder wie diese dann lauten, sie fördern uns oder behindern uns.

Ein Glaubenssatz wie „Ohne Kaffee bin ich kein Mensch" ist ja harmlos, denn Kaffee gibt es an jeder Ecke.

Doch ein Satz wie „Ich bin es nicht wert!" hat es in sich. Mit einem solchen Satz haben Sie den Hauptgewinn gezogen. Mit diesem Satz im Gepäck des Unterbewusstseins, gibt es kaum eine Möglichkeit, Ihr Leben auf eine gute Art zu führen. Sie sind es nicht wert erfolgreich zu sein, geliebt zu werden, einen guten Partner zu finden, eine tolle Arbeit zu bekommen, Geld zu besitzen usw. Was auch immer Sie erreichen wollen, es wird ein steiniger Weg. Es kann auch sein, dass es Ihnen gelingt die Dinge fast oder ganz zu Ende zu bringen, bevor sie dann immer wieder in sich zusammenfallen.

So viel zu dem Thema Glaubenssätze.

Seelenverträge

Seelenverträge sind anderen Ursprungs als die Glaubenssätze. Während Glaubenssätze durch uns oder unsere Eltern vorgegeben werden, sind Seelenverträge etwas, was innerhalb einer Familie von einer Generation auf die nächste weitergereicht wird.

Ich gebe Ihnen hier einige Beispiele, die mir begegneten:

In einer Familie starben alle männlichen Nachkommen innerhalb der ersten zwei Jahre nach der Geburt. Die Familie selber war ziemlich verzweifelt und wusste keinen Rat. Bis zu der Auflösung dieses Seelenvertrages durch eine systemische Familienaufstellung, gab es tatsächlich nur weibliche Nachkommen.

In einer anderen Familie gab es seit einigen Generationen nur alleinerziehende Frauen. Das begann während des 1. Weltkrieges und setzte sich bis in die heutige Zeit fort. Die Frauen hatten zu Beginn einen Partner oder Ehemann. Nach der Geburt der Kinder, fiel der Ehemann an der Front, begann die Ehe oder die Partnerschaft zu bröckeln, bis die Partner sich trennten. Dieses Muster besteht noch, weil niemand in der Familie wirklich hinschauen will.

Einer meiner Klienten hatte ein anderes Problem. Seine beiden letzten männlichen Vorfahren, also sein Vater und sein Großvater, hatten jeweils eine berufliche Selbständigkeit aus finanziellen Gründen aufgeben müssen. Bei Vater und Großvater war dies etwa im gleichen Alter geschehen. Nun war mein Klient in eben dieses Alter gekommen, in dem seine beiden Vorfahren ihre Firma aufgeben mussten. Es war bei meinem Klienten schon so weit, dass er keinen Spaß mehr an seiner Selbständigkeit hatte und die Auftragslage bedingt durch das geringere Engagement schwächer wurde. Eine Geschäftsaufgabe oder Insolvenz wäre irgendwann die logische Folge gewesen. Wir konnten diesen Seelenvertrag finden, auflösen und nun floriert sein Geschäft wieder und der Spaß an der Arbeit kehrte ebenfalls zu Ihm zurück. Inzwischen hat er sein Geschäftsfeld verändert und ist noch glücklicher als er es war, während noch alles gut lief.

Dieses Übernehmen alter Familienprogramme geschieht aus Liebe zu der dem Kind nahestehenden Person. Stellen Sie sich vor, Sie himmeln Ihren Vater, Ihre Mutter oder einen Ihrer Großeltern an. Doch dieser Mensch hat eine Schwäche, eine dumme Angewohnheit oder was auch immer. Vielleicht trinkt er oder raucht stark oder neigt zu Wutausbrüchen. Weil Sie diesen Menschen so lieben, wollen Sie ihm das auch zeigen. Also übernehmen Sie diese Unart oder Angewohnheit von ihm, um ihn damit zu ehren. Das heißt, vielleicht trinken Sie oder rauchen stark oder neigen zu Wutausbrüchen, weil Sie einer Ihnen nahestehenden Person auf diese Weise zeigen: Ich liebe Dich!

So kann es geschehen, dass auch einmal eine Generation übersprungen wird, wenn der Vater oder die Mutter nicht die Vorbilder bzw. Hauptbezugspersonen waren, weil Sie vorrangig bei den Großeltern aufgewachsen und von Ihnen erzogen worden sind. Dies ist nur ein möglicher Grund; die Gründe hierfür können vielfältig sein.

Auswirkungen von alten Mustern

Stellen Sie sich vor, durch die Erziehung, die Ihre Eltern Ihnen zukommen ließen, sind Sie in Ihrer Kindheit ungewollt darauf gedrillt worden, dass Sie sich nicht zu viel zutrauen sollten. Vielleicht meinten es Ihre Eltern gut und halfen Ihnen bei den Unternehmungen, die Sie tun wollten. Daraus entwickelte sich ein mangelndes Selbstvertrauen.

Selbstvertrauen

Was bedeutet dieses Wort für uns? Es geht also um Vertrauen. Wem gilt dieses Vertrauen? Ihnen selbst. Einfach ausgedrückt, heißt es: Sie vertrauen sich selbst nicht. Vielleicht nur auf einem Gebiet; womöglich grundsätzlich.

Welche Auswirkungen hat es auf Sie persönlich? Es könnte gut sein, dass Sie wie wild arbeiten, um durch Leistung zu überzeugen. Sie lassen sich nichts zu Schulden kommen. Sie sind also der Überzeugung, dass bei allem, was Sie tun, Sie darauf achten müssen, keine Fehler zu machen. Sie kontrollieren sich mehr als nur einmal, damit auch wirklich nichts schiefgehen kann.

Was aber wird Ihnen Ihre Umwelt spiegeln, die sich nach dem Gesetz der Resonanz um Sie herum ordnet. Sie wird Ihnen den Spiegel des mangelnden Vertrauens vorhalten. Eventuell wird Ihnen Ihr Chef immer wieder zu Leibe rücken, um Sie zu kontrollieren und jeden Fehler, den er findet, reibt er Ihnen breit unter die Nase. Schließlich muss er Ihnen ja zeigen, dass sein Misstrauen gerechtfertigt war.

Vielleicht wird Ihr Partner immer wieder fragen, wo Sie sind, warum Sie dort sind? Eventuell entwickelt sich da eine Eifersucht, die

Ihnen IHR Thema spiegelt, nämlich sich selbst zu vertrauen. Haben Sie ein Thema mit dem Selbstvertrauen, wird Ihnen mit aller Wahrscheinlichkeit Misstrauen aus allen Richtungen entgegenschlagen. Vielleicht sehr subtil, eventuell auch ganz offensichtlich.

Selbstliebe

Nun, wie schaut es mit Ihrer Selbstliebe aus. Lieben Sie sich so wie Sie sind oder können Sie sich oder Ihr Aussehen nicht leiden; und falls es so ist, wie gehen Sie damit um.

Nehmen wir einmal an, Sie wären einer dieser Menschen, die nicht mit sich zurechtkommen oder sich nur schlecht annehmen können.

Wie würden Sie sich also verhalten? Schließlich sind Sie ein Mensch und benötigen Zuwendung und Liebe, wie jeder andere Mensch auch. Ohne Liebe, Lob und Zuwendung würden Sie mit der Zeit zugrunde gehen. Vermutlich könnten Sie nur schwer NEIN sagen, weil Sie sich die Zuwendung anderer Menschen unbewusst erarbeiten wollen. Dabei wären Sie vermutlich gewissenhaft, weil Sie Ihre Mitmenschen nicht enttäuschen wollen. Nichts wäre schlimmer, als einen potentiellen Geber von Zuwendungen oder Lob zu verärgern. Dabei wäre es oft das Thema, dass Sie sich selbst vergessen bzw. vernachlässigen und sich zu viel auflasten, nur um Zuneigung zu erfahren.

Was würde Ihnen das Universum daher im Spiegel zeigen? Vielleicht einen Partner, der immer wieder etwas an Ihnen auszusetzen hat. Der ständig an Ihnen herumkritisiert. Sie wiederum wollen alles perfekt machen. Da aber das Resonanzprinzip verlangt, dass Ihnen gezeigt wird, was Ihr Thema ist, würden Sie Fehler machen, die Ihr

Partner wiederum kritisieren könnte. Ein ewiger Kreislauf, den nur Sie in der Lage wären, ihn zu unterbrechen.

Wie kann es im Beruf aussehen? In Ihrer Firma wären Sie vielleicht bei Ihren Kollegen beliebt, weil diese Ihnen schon einmal einen Job aufs Auge drücken könnten, den Sie selber nicht machen wollen oder nicht mehr schaffen würden. Sie arbeiteten für diese wiederum gewissenhaft. Auf der anderen Seite wäre Ihr Chef dann mit Ihrer Leistung nicht zufrieden, weil er Sie ständig ermahnen müsste, sich um Ihren Kram zu kümmern. Sie könnten Ihren eigenen Zeitplan selber kaum schaffen, weil Sie zu sehr mit den Themen anderer beschäftigt wären. Sie benötigten immer wieder Ausreden, die Ihr Versagen rechtfertigten. Dadurch gerieten Sie unter Druck, schliefen vielleicht schlecht und bekämen am Ende eventuell Herzprobleme.

Das Herz ist das Organ der Liebe. Auf diese Weise würde Ihnen Ihr Körper zeigen, dass Sie auf sich achten sollten. Würden Sie nicht auf Ihren Körper hören, folgte vielleicht irgendwann der Herzinfarkt oder ein Burnout.

Wer weiß?

Zum Glück ist es ja nicht so, wie wir es gerade als Möglichkeit beschrieben haben.

Alleinerziehend

Da stellt sich die Frage, warum sind Sie alleinerziehend? Was hat sich in Ihrem Elternhaus zugetragen? Da mag es verschiedene Versionen geben.

1. Vielleicht hat Ihr Vater Ihre Mutter verlassen oder auch umgekehrt und der verlassene Teil hat sich keinen neuen Partner mehr gesucht.

2. Vielleicht gab es auch immer wieder Streit zwischen Ihren Eltern und Sie haben sich geschworen (und den Schwur wieder vergessen), dass Sie sich das nicht antun wollen. Und schon ist ein Glaubenssatz geboren.

Im ersten Fall haben Sie vielleicht folgendes Verhalten für sich übernommen. Sie wollen einen Menschen finden, der Sie liebt und haben Angst wieder verlassen zu werden, was dann auch geschieht. Sie werden verletzt und trennen sich. Dabei bemerken Sie möglicher Weise gar nicht, dass Sie unbewusst das Muster Ihrer Mutter oder Ihres Vaters übernommen haben. Auf der anderen Seite sind Sie deswegen gut organisiert. Schließlich müssen Sie Kind und Arbeit unter einen Hut bringen. Wahrscheinlich sind Sie aus diesem Grund auch gut vernetzt und haben allzeit den Überblick.

Ihre Umwelt wird Ihnen eher Ihr Misstrauen bezüglich Partnerschaften spiegeln. Dort, wo Sie mit anderen zusammenarbeiten müssen und wollen, werden Sie vermutlich immer wieder enttäuscht und verletzt. Sie öffnen sich und verschließen sich wieder. Sie wollen schließlich nicht immer wieder eines auf die Nase bekommen. Kaum öffnen Sie sich wieder, dauert es nicht lange, bis es wieder einen Dämpfer gibt.

Im zweiten Fall wird sich das Muster anders spiegeln, denn die Grundlage ist eine andere.

In der Partnerschaft kann es sich so darstellen: Sie treffen einen Menschen, den Sie toll finden. Erst einmal sind Sie vorsichtig damit, sich direkt auf eine Beziehung mit einem neuen Menschen einzulassen. Endlich kommen Sie sich näher und alles ist toll, da Sie schon einige Partnerschaften hatten, wissen Sie, dass es nicht vernünftig ist, gleich zusammen zu ziehen. Das war oft der kritische Punkt. Also warten Sie so lange, bis Sie das Gefühl haben, dass es doch funktionieren könnte. Sie beschließen, dass es nun doch der richtige Zeitpunkt ist zusammenzuziehen. Sie tun es und oh Wunder; es dauert nicht lange bis Ihr Partner sich verändert und es beginnt, immer wieder Streit zwischen Ihnen zu geben. Das ist es, was Sie gelernt haben: Beziehung bedeutet, sich zu streiten. Daher warten Sie immer länger, bis Sie mit einem Menschen zusammenziehen und tun es irgendwann gar nicht mehr. Wer bricht den Streit vom Zaun und warum? Wahrscheinlich sind Sie es. Schließlich haben Sie es sich geschworen, so eine Beziehung nicht führen zu wollen.

Welche Auswirkungen hat das auf Ihr Leben außerhalb von Beziehungen? Dort wo Sie enger mit Menschen zusammenarbeiten müssen, können Sie förmlich spüren, wenn etwas nicht stimmt oder Ärger in der Luft liegt. Sie haben es in Ihrer Kindheit gelernt, Gemütszustände zu erkennen, um rechtzeitig flüchten zu können, damit Sie den folgenden Streit nicht mitbekommen mussten.

Es kann auch so sein, dass Sie derjenige sind, der immer wieder an der Arbeit der anderen etwas auszusetzen hat. Das war es ja auch, was Sie zu Hause im Kindesalter erlebten.

Eine andere Möglichkeit diese Muster auszuleben, wäre es, sich selbst immer wieder schuldig zu fühlen, wenn es irgendwo Streit gibt. Und was macht die Umwelt mit Ihnen. Sie gibt Ihnen die Schuld an jeglichen Missgeschicken und Streitigkeiten. Sie sind gerade an Ort und Stelle, wenn es den Streit gibt und haben vielleicht noch eine Bemerkung gemacht. Und jetzt sind Sie schuld und wollten es doch gar nicht sein. So, wie in Ihrer Kindheit. Sie leben diese Kindheit noch immer.

Umwelt, Staat, Medien, Religion

Auch unsere Umwelt beeinflusst unsere Selbstwahrnehmung. Wir wachsen alle in unterschiedlichen Ländern auf. Jedes Land bringt eine gewisse Art zu leben mit sich. Sie können mir bestimmt zustimmen, dass es einen Unterschied macht, ob Sie in Deutschland, in Russland, in der Türkei, in den USA oder in einem asiatischen Staat aufgewachsen sind. Je nachdem, welches Ihr Geburtsland ist, bekommen Sie andere Werte vermittelt. Sei es über Frauen, über andere Länder, über andere Glaubensrichtungen, über das, was Sünde ist oder was uns in den Himmel bringt, über unsere Lebensgestaltung, über unser Konsumverhalten usw.

Weiterhin gibt es dann die regionalen Einflüsse. In den USA ist es ein Unterschied, ob ich in den Südstaaten aufgewachsen bin oder in den Nordstaaten. Bei uns in Deutschland ist die Lebenseinstellung eine Andere, wenn ich in Bayern, in Friesland, im Saarland oder in Berlin usw. groß geworden bin. Selbst innerhalb eines Bundeslandes macht es wieder einen Unterschied, ob ich in einer Großstadt wie München oder Frankfurt meine Kindheit verbracht habe oder in einer dörflichen oder ländlichen Gegend.

Wie kann sich das äußern?

Nun, Menschen die in der Großstadt aufwachsen, brauchen eventuell den Trubel um sich herum, damit sie sich überhaupt wohl fühlen. Dann sind Betriebsamkeit und viele Menschen um sich zu haben, eine Voraussetzung, damit ein Gefühl von Geborgenheit entstehen kann. Stille ist für diese Menschen vielleicht mit Einsamkeit verbunden. Auf der anderen Seite gelingt es ihnen nicht, eine ruhige Atmosphäre um sich herum entstehen zu lassen. Wollen sie einmal Ruhe, tun sich plötzlich die Türen auf und sie bekommen Besuch, die Kinder lärmen oder andere Störfaktoren treten auf. Das Gesetz der Resonanz sorgt entsprechend dem Muster, welches sie in der Großstadt und als Großstadtkind erlernt haben, dafür, dass immer um sie herum etwas los ist.

Übung 2: Länder und Menschen

Bevor wir beginnen, suchen Sie sich einen Themenbereich aus. Wählen Sie ein Land, einen Landstrich oder eine Stadt von denen, die wir vorher beschrieben haben. Vielleicht wählen Sie Amerikaner, Türken, Indianer, Griechen, Kurden, Bayern oder Hamburger, das ist egal.

Nehmen Sie nun ein paar tiefe Atemzüge, schließen Sie die Augen und werden Sie still. Denken Sie an das Land, die Stadt, die Bevölkerungsgruppe, die Sie sich gewählt haben.

Welche Bilder für diese Menschen tauchen auf? (Hier ist mit Bildern tatsächlich ein Bild gemeint. Bilder geben Ihnen Hinweise, welche Informationen oder Botschaften Sie mit Ihnen verbinden.)

Wie sehen Sie die Menschen? (In welcher Umgebung befinden sich die Menschen? Sind es liebevolle, beängstigende oder neutrale Situationen?)

Welche Lebensart sehen Sie?

Welche Gefühle entstehen in Ihnen?

Wo sitzen diese Gefühle im Körper?

Und nun stellen Sie sich zum Abschluss die Frage:

Wer hat diese Gefühle und Informationen geprägt?

Achten Sie auf die Gedanken, die als erste kommen. Anschließend können Sie sich einige Notizen machen und diese Übung mit einer anderen Bevölkerungsgruppe wiederholen.

Sie dürfen auch gerne eigene Gruppierungen finden; Lehrer, Ingenieure, Beamte, Banker, Millionäre, Unternehmensinhaber, Politiker usw.

Es wird bestimmt spannend für Sie, bewusst zu erfahren, was Sie über diese Menschen denken und wie damit Ihnen Ihre Glaubenssätze oder Muster, die Sie unbewusst steuern, erkennbar werden.

Medien

Zu den Medien zähle ich in diesem Zusammenhang alle uns zur Verfügung stehenden Medienkanäle; ganz egal ob Rundfunk oder Printmedien oder das Internet. Auf Fernsehen und Filme gehe ich kurz am Ende ein. Unsere Medien und speziell die Werbung prägen uns in einer sehr subtilen Art und Weise. Damit verbunden sind natürlich auch Auswirkungen, welche uns das Gesetz der Resonanz spiegelt.

Um bei der Werbung zu bleiben, fällt mir direkt der Werbeslogan „Geiz ist geil" ein, der durch ein Unternehmen geprägt wurde. Leider ohne darüber nachzudenken, wie sich ein solcher Satz, wenn er verinnerlicht wird, auf die Menschen auswirkt. War es vorher noch so, dass ein Geizhals nicht als Sympathieträger gesehen wurde, war es plötzlich „geil" geizig zu sein. Es ging auf einmal nicht mehr darum, wer das beste und damit das im Wert stabilste Produkt produziert und verkauft, sondern nur noch darum, wo ich dieses oder ein vermeintlich gleichwertiges Produkt am billigsten bekomme.

Je mehr sich dieser Satz zum landesweiten Glaubenssatz wandelte, desto mehr achteten die Käufer darauf, billig einzukaufen. Es ging also nicht mehr um die Qualität einer Ware oder einer Dienstleistung, sondern um den Preis, den ich dafür bezahlt habe.

Die Konsumenten achteten mehr und mehr darauf, bloß nicht zu viel Geld auszugeben. Nein, Geld sparen war die Devise.

Doch wenn ein Mensch, seinen Fokus darauf setzt Geld, zu sparen und „GEIZ geil" findet, was wird ihm damit das Gesetz der Resonanz als Spiegel vorhalten? Schließlich sind Geiz oder Gier doch nicht Anderes ein Mangeldenken. Denn, wer nach Geld giert, hat in seinen Augen zu wenig davon; egal, wie viel er schon hat.

Beim Geiz hat dieser Mensch Angst, vielleicht zu viel Geld auszugeben und damit sein Vermögen zu verkleinern; auch hier ist es egal, wie viel oder wenig er zur Verfügung hat. Eventuell mag er auch die Leistung anderer Menschen nicht würdigen und gibt deswegen nichts das Entsprechende für deren Leistung aus.

Die Welt beginnt sich langsam zu verändern. Nicht nur Sie sparen. Irgendwann beginnt auch Ihr Arbeitgeber zu sparen und baut Stellen ab oder verringert Ihr Gehalt. Er spart sich Ihre Arbeitskraft. Warum tat er das? Möglicherweise, weil er seine guten aber am Markt teureren Produkte nicht mehr verkaufen konnte. Es kann aber auch sein, dass der Arbeitgeber die Löhne senken muss, um preiswerter zu produzieren oder seine Produktion ins Ausland verlagert, weil sich seine Produkte dort billiger produzieren lassen, damit diese sich im Inland preiswerter verkaufen lassen. Sonst hätte er nur noch die Alternative, ganz zu schließen.

Hierdurch sinken die Steuereinnahmen und steigen die Arbeitslosenzahlen und nun beginnt plötzlich auch noch der Staat zu sparen. Möglicherweise kommen plötzlich ungeahnte Ausgaben auf den Staat zu, die vorher gar nicht geplant waren. Der Staat braucht Geld und kürzt seine Ausgaben, erhöht Steuern oder Abgaben auf diverse Produkte oder Dienstleistungen, erfindet neue Einnahmequellen. Wer finanziert diese Einnahmen des Staates?

Der geizige Verbraucher!

Damit sind wir wieder beim Verbraucher. Dieser hat plötzlich weniger Geld in der Tasche, weil sich seine Ausgaben erhöht haben, weil er Produkte schneller nachkaufen muss, da sie nicht mehr so lange halten, sich die Steuern erhöhen usw. Auf einmal muss er „GEIZ geil" finden, weil er sonst in eine Schuldenfalle läuft, aus der er keinen Ausweg mehr findet. Und schon wird aus „Geiz ist geil" vielleicht „Wie soll das für uns nur weitergehen?"

So wird nach und nach durch das Gesetz der Resonanz ein Räderwerk in Bewegung gebracht, über das vorher nicht nachgedacht wurde. Schade eigentlich.

Zum Abschluss ein paar Gedanken zu dem Thema Preis oder auch Wert einer Ware vom Sozialreformer John Ruskin. Im Prinzip sagt er mit seinen Gedanken nichts Anderes aus, als das Sie eine Wette mit schlechten Gewinnchancen abschließen, wenn Sie beim Kauf „geizig" sind.

Der Preis

Es gibt kaum etwas auf dieser Welt, das nicht irgendjemand ein wenig schlechter und etwas billiger verkaufen könnte,

und die Menschen, die sich nur am Preis orientieren, werden die gerechte Beute solcher Machenschaft.

Es ist unklug, zu viel zu bezahlen, aber es ist noch schlechter, zu wenig zu bezahlen.

Wenn Sie zu viel bezahlen, verlieren Sie etwas Geld, das ist alles.

Wenn Sie dagegen zu wenig bezahlen, verlieren Sie manchmal alles, da der gekaufte Gegenstand die ihm zugedachte Aufgabe nicht erfüllen kann.

Das Gesetz der Wirtschaft verbietet es, für wenig Geld viel Wert zu erhalten.

Nehmen Sie das niedrigste Angebot an, müssen Sie für das Risiko, das Sie eingehen etwas hinzurechnen.

Und wenn Sie das tun, dann haben Sie auch genug Geld, um für etwas Besseres zu bezahlen.

John Ruskin, engl. Sozialreformer (1818-1900)

Da lesen Sie es noch einmal aus berufenem Munde:

Das Gesetz der Wirtschaft verbietet es, für wenig Geld viel Wert zu erhalten.

Mehr gibt es hier nicht mehr zu sagen.

Fernsehen

Fernsehen ist doch nichts Anderes mehr als ein großes Ablenkungsmanöver.

Ich habe einmal einen netten Satz in einem Film aufgeschnappt. Es ging darum, ob man nun lange planen soll oder nicht. Der Satz lautete:

„Während die Intelligenz noch überlegt, stürmt die Dummheit die Burg!"

Manchmal ist es besser zu handeln, als zu lange zu überlegen. Das Überlegen schürt oft nur Ängste. Leider ist der oben genannte Satz heute anders zu sehen oder zu sprechen.

„Während die Intelligenz das Schicksal der Menschen bestimmt, sitzt die Dummheit vor dem Fernseher!"

Filme sind Illusionswelten. Sie zeigen uns Welten, die nicht oder so nicht existieren. Doch viele lassen sich davon gefangen nehmen.

Ich sehe auch gerne Filme. Doch ich wähle bewusst aus und lasse mich nicht berieseln und damit mein Gehirn aufweichen.

Warum schauen Sie in die Flimmerkiste? Wollen Sie sich von Ihrem Leben ablenken oder wollen Sie abschalten?

Sollten Sie sich von Ihrem Leben ablenken lassen wollen, dann ist das eine Idee, die Sie nicht weiterbringt. Es ändert sich dadurch nichts. Nach 90 Minuten sind Sie wieder da, wo Sie vorher standen. Ihr Leben hat sich nicht verändert. Sie haben sich wahrscheinlich wieder über die vielen Werbepausen geärgert und Ihre Stimmung damit nicht unbedingt verbessert.

Haben Sie schon einmal darüber nachgedacht, welche Botschaften die Filme in der heutigen Zeit transportieren? Was zeigen uns die Filme in einem großen Prozentsatz?

Sie zeigen uns Menschen, die sich verlieben, trennen und dann doch wieder zusammenfinden.

Oder sie zeigen uns Helden, die für Ihr Ziel kämpfen, hinfallen oder niedergeworfen werden und doch wieder aufstehen und siegen.

In beiden Fällen wird doch nur eines in den Köpfen erzeugt. Hoffnung. Hoffen Sie auch darauf, endlich den richtigen Partner zu finden oder den richtigen Job?

Oder hoffen Sie darauf, wenn Sie nur hart genug kämpfen, dass Sie schließlich doch siegen und das erreichen, was Sie sich so sehr wünschen zu erreichen?

Das Prinzip Hoffnung hält die Menschen in Bewegung und am Leben. Aber vor allem hält sie die Hoffnung ruhig und gefügig, denn es könnte ja sein, dass es Morgen besser wird. Doch wie soll sich etwas ändern, wenn Sie immer das Gleiche tun?

Dann gibt es besonders bei den Actionfilmen, die ich ja auch gerne sehe, eine einfache Botschaft. Diese ist leider nicht so nett. Sie lautet: Wird Dir irgendetwas genommen, ist jedes Mittel und jede Tat erlaubt, es Dir wieder zu holen, beziehungsweise den Bösen in die Schranken zu weisen. Jedes Mittel heißt hier: Betrug, Tricks, Waffen, Gewalt, Tod.

Eine subtile und traurige Botschaft.

Dennoch wird sich die Wirkung dieser Botschaften aufheben, wenn Sie sich dieser bewusst sind, dass diese in den Filmen transportiert wird.

Politik

Wie sehen Sie unsere politische Situation in Deutschland und der Welt? Was halten Sie von unseren Politikern? Wie stehen Sie zu dem amerikanischen oder russischen Präsidenten?

Dies sind nur einige Fragen und dennoch können Sie sich an Hand der Antworten einiges bewusstmachen.

Um es noch etwas klarer werden zu lassen, will ich die Fragen noch einmal anders stellen.

Wie ist unsere politische Situation in Deutschland und der Welt? Was sind unsere Politiker in Ihren Augen und wie verhalten Sie sich in Ihren Augen? Wie beschreiben Sie die amerikanische und die russische Politik und die Entscheidungen Ihrer Präsidenten?

Horst Seehofer beschrieb in einem Interview die Situation recht treffend. Er sagte sinngemäß: Die, die gewählt sind, haben nicht die Macht; und die, welche die Macht haben, sind nicht gewählt.

Beschreibt das unsere politische Situation aus Ihrem Blickwinkel? Ich vermute, die Antwort lautet: JA, das tut es!

Doch wie konnte es dazu kommen? Nun, wir leben heute in den Umständen, die wir uns gestern und vorgestern erschaffen haben, weil wir an unseren Mustern festgehalten haben. Anders gesagt: das Gesetz der Resonanz hat uns nur die Umstände erschaffen, die wir als Volk schon immer vor Augen hatten und haben oder von denen wir geglaubt haben, dass Sie so sind; oder vor denen wir einfach Angst haben.

Diese Umstände sind:
- Korrupte Politiker
- Ständige Fehlentscheidungen
- Zu hohe Staatsschulden
- Die Macht der Lobby und der Industrie

- Die Macht des Geldes, der Banken und des damit verbundenen Geldsystems

Ist es nicht so? Das sind doch für viele Menschen die Gründe, warum es nicht läuft oder falsch laufen muss. Wie lange malen wir uns diese Situation schon so aus und glauben daran, dass es nicht besser, sondern nur schlimmer werden muss?

Was bleibt also dem Resonanzprinzip anderes übrig, als uns genau diese Umstände zu erschaffen und solange wir weiterhin schwarz und schwärzer sehen, diese auch weiter zu verschlechtern?

Auf der anderen Seite führen diese Umstände zu anderen Situationen bei Ihnen und vielen anderen Menschen. Das Volk beginnt umzudenken.

Den Menschen wird langsam bewusst, dass Sie **die Macht haben, die Dinge zu ändern**. Vielleicht nicht allen, aber doch immer mehr kommen zu dieser Erkenntnis.

Falls Sie nun zu fragen beginnen, was Sie lieber Leser und alle anderen tun können, um diese Situation zu ändern, gebe ich Ihnen eine kurze Anregung. Wahrscheinlich wird diese Ihnen nicht sofort gefallen und es ist in meinen Augen der Weg zu neuen Strukturen.

Nehmen Sie einmal für diesen Augenblick an, das Gesetz der Resonanz wirkt wirklich so, wie ich es beschrieben habe. Wir erschaffen uns die Umstände jeden Tag neu, der Einzelne genauso wie eine Gruppe oder eine Masse von Menschen. Je größer die Energie ist, die erzeugt wird, umso schneller kommt das Ergebnis.

Dem entsprechend ist also die einzig richtige Lösung ein Umdenken in Gang zu bringen.

Dieses Umdenken fordert von Ihnen, in Hinblick auf die Politik, die Politiker und das gesamte politische Geschehen ein positives Denken zu entwickeln. Dieses positive Denken bringt ein positives Reden in Gang; das positive Reden ergibt eine positive Überzeugung; diese, also Ihre positive Überzeugung überzeugt andere und so kommt es allmählich zu einem Prozess, in welchen sich die bestehende Struktur ändert, um nicht zu sagen, verändern muss.

Um eine bessere und menschenfreundlichere Politik zu bekommen, liegt es daher vor allem in unserer Verantwortung solche neue Denk- oder Gedankenmuster in sich zu etablieren. Die Folge ist, dass Sie Politiker loben; dass Sie anerkennen, dass sie eine Arbeit machen, die Sie nicht machen wollen; das Sie Arbeitsbedingungen fordern, die Politiker unabhängig machen von fremden Lobbygeldern; das Sie in Ihrer Vorstellung ein glückliches Volk visualisieren; das Sie sich unser Land so vorstellen, wie Sie es wollen und nicht wie Sie es nicht wollen.

Ein Kampf gegen etwas, gibt dem, gegen das Sie kämpfen Energie.

Aus diesem Grund sagte schon Mutter Theresa sinngemäß:

„Zu einer Antikriegsdemonstration gehe ich nicht. Zu einer Friedensdemonstration dürft ihr mich gerne einladen und ich komme."

Krankheit oder die Abwesenheit von Gesundheit

Krankheiten sind ein besonders spannendes Thema. Denn hier bekommen wir die Auswirkungen all dessen, was uns das Gesetz der Resonanz zu bieten hat, am und im eigenen Körper zu spüren. Darüber habe ich schon einige Diskussionen geführt und durfte dabei feststellen, dass gerade auf diesem Feld, der Mensch intensiv vermeidet, für sich und seine Gesundheit die Verantwortung zu übernehmen.

Einer der beliebtesten Sätze hierbei ist: „Ich habe mir diese Krankheit doch nicht ausgesucht!"

Doch, haben Sie! Auch auf die Gefahr hin, dass Sie dieses Buch nun in die Ecke werfen; hier noch einmal klar gesagt:

Sie sind nicht Opfer der Umstände, Sie erschaffen sich die Umstände.

Jeder Mensch weiß inzwischen oder könnte es wissen, dass der Konsum von Fleisch und speziell von Geflügel Folgen hat für unseren Körper. Die Folgen gehen bis hin zur Krebserkrankung. Und falls Sie dies nicht wahr haben wollen, dann empfehle ich Ihnen das Buch von John Robbins „Gesund bis 100". In diesem Buch sind endlose Quellen und Studien aufgeführt, die belegen, dass die Menschen mit einer besseren und fleischlosen Ernährung gesünder leben und gesund älter werden können. In dem Fleisch der Tiere finden sich so viele Medikamentenrückstände, dass es Ärzte kaum noch wundert, dass ihre Patienten immer weniger auf Antibiotika reagieren. Die Menschen immunisieren sich selbst gegen Antibiotika, indem sie Fleisch verzehren. Das ist doch fein. Und obwohl alle diese Dinge bekannt gemacht werden und den Menschen die Informationen zur Verfügung steht, verschließen viele Ihre Augen vor der Wahrheit und wollen davon nichts wissen. Das erinnert mich sehr an die drei Affen. Nichts sehen, nichts hören, nichts sagen; aber sich anschließend beschweren, dass sie es ja nicht wissen konnten; und das die Politik unbedingt reagieren muss; und das die Metzger besser kontrolliert werden müssen und die Bauern und der .....

Niemand muss kontrolliert werden, wenn Sie beginnen, die Verantwortung für Ihr Handeln zu übernehmen. Sie entscheiden mit jedem Einkauf neu: Kopf oder Zahl; Bio- oder Pestizid-Food; Öko oder Chemie auf das Brot.

Für den Bereich der Ernährung können wir also selber entscheiden, welchen Müll wir essen und trinken wollen und welchen eben nicht.

Eine Freundin sagte einmal zu mir:

„Wenn Gott wollte, dass wir Cola trinken, hätte er Cola-Bäume wachsen lassen!"

Das passt! Kein Mensch käme auf die Idee, seine Wäsche in Cola zu waschen. Aber für unseren Körper soll es gut sein.

Es liegt allerdings nicht nur am Essen, ob wir erkranken oder nicht. Ich habe lernen dürfen, dass unsere Seele bei ihrem Plan für eine neue Inkarnation auch berücksichtigt, dass bestimmte Krankheiten Lernprozesse beinhalten und auslösen. So kann Krebs oder AIDS oder eine andere „schwere" Krankheit uns zeigen, welche Erfahrung für uns wichtig ist, dass wir sie lernen und verinnerlichen. Ich glaube, dass Heilung möglich wird, wenn wir gelernt und verstanden haben.

Wäre es anders, müsste grundsätzlich jeder an Krebs sterben, wenn er ihn einmal im Körper manifestiert hat. Doch gibt es genügend Bücher, deren Autoren zeigen und beschreiben, wie Sie IHREN Krebs besiegt haben. Oft geht die Heilung mit einer völligen Umkehr im Leben oder einer klaren Erkenntnis über das Leben einher. Ist dies geschehen, wird die Krankheit nicht mehr gebraucht und kann gehen.

Das durfte ich auch oft bei meinen Klienten erleben. Heilarbeit verändert und bringt Veränderung.

Krankheit und Arbeit

Es gibt neben den ernährungsbedingten Gesundheitsfolgen auch noch die, welche durch eine Stress erzeugende Umwelt entstehen. Ins besonders ist es hier unsere Arbeit; oder sollte ich besser sagen: unser Job.

Wo sehe ich den Unterschied zwischen Job und Arbeit?

Nun, eine Arbeit suche ich mir aus. Es ist eine Arbeit, die mir Spaß macht, bei deren Tätigkeit ich Freude empfinde, wo ich mit Liebe dabei bin.

Ein Job ist eine Möglichkeit Geld zu verdienen. Ein Job ist eine Arbeit, die Sie vielleicht angenommen haben, weil es nichts Anderes gab oder weil Sie nicht wussten, welche Arbeit Ihnen wirklich Spaß macht.

Wie sollen Kinder noch erfahren, was Ihnen Spaß macht, wenn sie angefangen im Kindergarten und besonders in der Schule nur nach auswendig gelernten Formeln oder Daten gefragt und beurteilt werden. Wie sollen solche Kinder später noch formulieren können, welchen Beruf sie einschlagen wollen, wenn sie sich selbst nicht entdecken konnten?

Sie können in jeden Lebensbereich schauen, in den Sie schauen wollen und können feststellen, wo sich Ihre Muster dort wiederspiegeln. Egal ob es um Schule, Kindergarten, Firma oder einen anderen Bereich in Ihrem Leben geht.

Eine Arbeit, die Sie nicht mögen, wird auf Dauer Ihren Gesundheitszustand negativ beeinflussen.

Beziehungsweise:

Eine Arbeit die Sie lieben und gerne verrichten, zusammen mit einem guten Arbeitsumfeld, wird auf Ihren Gesundheitszustand positiv wirken.

Denken und Gedanken

„Gedacht ist noch nicht gesagt,

gesagt ist noch nicht gehört,

gehört ist noch nicht verstanden,

verstanden ist noch nicht einverstanden, einverstanden ist noch nicht angewendet,

und angewendet ist noch nicht beibehalten."

Konrad Lorenz

In diesem Abschnitt möchte ich Ihnen aufzeigen, wie versteckt wir uns unsere eigenen Fallen aufstellen und wie es möglich ist, diese in Zukunft zu umgehen. Denn so lange es Ihnen nicht bewusst ist, wie Sie sich mit den Gedanken, die Sie sich machen oder mit Glaubensmustern selber an der Nase herumführen, so lange werden Sie keine Veränderung erfahren oder manifestieren können.

Der erste Punkt ist, dass wir dazu neigen, etwas zu sagen oder auch zu denken, was der Aussage oder dem gesprochenen Wort entgegengesetzt ist. Der tatsächliche Sinn, also das, was wir eigentlich damit aussagen, verbirgt sich hinter unseren Worten und Gedanken und trägt oftmals das genaue Gegenteil in sich.

Sie alle kennen bestimmt dieses Wort:

SOLLTE

Sie wissen bestimmt auch in welchen Zusammenhängen Sie dieses Wort verwenden.

Bei vielen Eltern ist ein sehr beliebter Satz:

Mein Kind sollte das Zimmer aufräumen.

Mein Kind sollte mehr lernen.

Bei Arbeitnehmern ist es vielleicht einer der folgenden:

Ich sollte mehr Geld verdienen.

Ich sollte öfter von meinem Vorgesetzten gelobt werden.

Ich sollte mir eine andere Arbeit suchen.

Ich sollte eine bessere Stelle verdient haben.

Dann gibt es bestimmt noch die Sätze, die wir alle kennen:

Ich sollte abnehmen.

Ich sollte zum Zahnarzt gehen.

Ich sollte mehr Sport treiben.

Ich sollte mir endlich einmal meinen Traum erfüllen.

Ich möchte wetten, dass zumindest einer dieser Sätze Ihnen öfter über die Lippen kommt und wahrscheinlich noch öfter in Ihrem Kopf herumspukt. Dabei sind es noch lange nicht alle SOLLTE-Sätze.

Wissen Sie auch, was diese Sätze gemeinsam haben?

Nun, Sie gehen nicht oder nur kurz in Erfüllung. Besser noch; diese Sollte-Sätze setzen das Scheitern schon voraus. Denn die unbewussten Gedanken, die hinter diesen Sätzen stecken, beinhalten doch in vielen Fällen genau das Gegenteil. Sie sagen den Satz: Mein Kind sollte das Zimmer aufräumen. Und dabei wissen Sie ja schon, dass es nicht passieren wird, wenn Sie nicht mit Drohgebärden in der Tür stehen. In Ihrer Vorstellung wird das Zimmer nicht aufgeräumt. Warum also sollte das Gesetz der Resonanz oder das Universum anders darauf reagieren? Das Ergebnis in Ihrer Vorstellung besteht ja schon und dieses Ergebnis wird sich auch manifestieren.

Wie sollten Sie mehr Geld verdienen, wenn Sie sich des großen ABER hinter dem SOLLTE-Satz gar nicht mehr bewusst sind.

Eigentlich lauten diese Sätze in Ihre Gänze:

Mein Kind sollte das Zimmer aufräumen, ABER das tut es sowieso nicht.

Oder: ABER da bin ich machtlos.

Oder: Aber es ist ja sein Zimmer. Ist mir doch egal, ob es in dieser Rumpelkammer seinen Kram findet.

Ich sollte mehr Geld bekommen, aber mein Chef gibt es mir nicht.

Sich einer Bedeutung oder eines Gefühls nicht bewusst zu sein, bedeutet nicht, dass es keine Wirkung oder Auswirkung auf Sie hat. Unser Denken und unser Glauben hat immer eine Wirkung auf unsere Wirklichkeit und unsere Erfahrungen, die wir machen. Dazu gibt es einen schönen Satz:

Ob du nun glaubst, dass Du etwas kannst oder

Ob Du nun glaubst, dass Du etwas nicht kannst,

Du wirst immer Recht behalten.

Um es Ihnen noch einmal klar zu machen:

Das Ergebnis ist unabhängig davon, ob Ihnen dieses Glaubensmuster bewusst ist oder nicht.

Übung 3: Was SOLLTE sein?

Nehmen Sie sich 10 Minuten Zeit und schreiben Sie sich Ihre SOLLTE-Sätze auf; alle die Ihnen jetzt einfallen. Fallen Ihnen später noch weitere Sätze ein, notieren Sie sich diese ebenfalls, bis Ihre Sammlung vollständig ist.

Wie viele haben Sie gefunden? Einen Satz; mehr als fünf oder mehr als zehn Sätze? Das ist egal, wichtig ist, dass Sie es begonnen haben und sich damit bewusstmachen, wie Ihr Leben durch Ihre Gedanken und Gefühle gelenkt wird. Bleiben Sie achtsam und schreiben Sie einfach jeden neuen SOLLTE-Satz auf, der in über die Lippen kommt oder in den Gedanken auftaucht.

Und nun nehmen Sie sich den ersten Satz, lehnen Sie sich zurück, schließen Sie Ihre Augen und sprechen Sie sich diesen Satz ein paar Mal laut vor. Anschließend beantworten Sie sich die folgenden Fragen schriftlich oder im Geiste und halten einige Stichpunkte fest; doch vor allem antworten Sie ehrlich:

Wie geht es Ihnen oder besser, wie fühlen Sie sich, wenn Sie diesen Satz aussprechen bzw. denken?

Welche ABER-Sätze kommen in Ihnen außerdem noch sofort hoch? Wie bei dem Satz: Die Kinder sollten Ihr Zimmer aufräumen, aber...

Welche Gründe liefern diese ABER-Sätze, warum es nicht so sein kann?

Welches Bild entsteht vor Ihrem inneren Auge, wenn Sie diesen Satz formulieren?

Welches Gefühl entsteht in Ihnen?

Bitte schreiben Sie sich die Begründungen aus den ABER-Sätzen auf. Mit diesen Gründen wollen wir später arbeiten und Sie verändern, sprich ins Positive verwandeln.

Warum ist es so wichtig, sich dieser Denkmuster bewusst zu sein?

Ganz einfach! Solange Sie nicht wissen, was Sie permanent und vielleicht unbewusst denken und wie Sie sich damit lenken, wird das Ergebnis nicht so aussehen, wie Sie es wollen. Sie können es gerne mit dem Säen und Ernten vergleichen.

Stellen Sie sich doch einfach vor, Sie wollen Getreide aussäen, weil Sie sich in Zukunft von dem Korn ernähren wollen. Ihnen schweben Brote und Brötchen, Kuchen und Kekse vor. Da Sie aber nicht wissen, wie diese Samen aussehen, greifen Sie nach irgendeinem Sack Saatgut, kaufen diesen Sack und entnehmen daraus das vermeintliche Saatgut. Frohen Mutes und mit den besten Erwartungen gehen Sie auf das Feld und säen. Sie streuen die Samen über das Feld und sehen all die Brote und Kuchen vor sich, während Sie munter die Samen aufs Land werfen.

Als im nächsten Jahr dort allerdings Eichen zu wachsen beginnen, sind Sie verärgert, weil Ihnen „Jemand" das falsche Saatgut hingestellt hat. Das Ergebnis ist nicht das, welches Sie eigentlich haben wollten. Nachdem Sie sich aufgeregt und geärgert haben, wollen Sie es im nächsten Jahr anders machen. Doch bevor Sie jemanden fragen, der Ihnen vielleicht helfen könnte, sind Sie lieber Opfer Ihres Stolzes. Ich sollte das ja auch alleine schaffen können. Das tun Sie auch. Sie nehmen andere Samen und diesmal ernten Sie Tomaten.

Wieder ist das Ergebnis nicht das, welches Sie haben wollten. Manchmal hilft es doch, um Hilfe zu bitten, wenn Sie nicht weiterwissen oder sich nicht auskennen.

Erschaffe Dich neu

Dazu ein chinesisches Sprichwort:

„Achte auf Deine Gedanken, denn sie werden zu Worten.

Achte auf Deine Worte, denn sie werden zu Handlungen.

Achte auf Deine Handlungen, denn sie werden zu Gewohnheiten.

Achte auf Deine Gewohnheiten, denn sie werden Dein Charakter.

Achte auf Deinen Charakter, denn er wird Dein Schicksal."

Vielleicht taucht bei dieser Überschrift zuerst einmal die Frage auf: Wie soll das gehen?

Um Ihnen hierauf eine gute Antwort zu geben, darf ich etwas weiter ausholen. Zu Beginn habe ich schon einmal kurz einen Schwenk in diese Richtung gemacht. Die Aussage dabei ist die, dass wir nicht Opfer der Umstände sind, sondern, dass wir uns die Umstände erschaffen. Selbst, wenn Sie hier erst einmal nicht zustimmen können, bitte ich Sie sich zunächst einmal darauf einzulassen und mir zu folgen.

Gehen wir zunächst einmal davon aus, dass Gott, der Große Geist oder wie immer Sie das große Unbekannte nennen wollen, uns erschaffen hat und zwar nach seinem Ebenbild. Unter diesem Ebenbild verstehe ich, die uns mitgegebenen Möglichkeiten, die uns Gott in die Wiege gelegt hat. Nun können Sie davon ausgehen, dass dieser Geist auch in uns, also auch in Ihnen, wohnt und wir seine Kinder sind. Wir gehen von einem Schöpfergott aus, von einem Gott, der all dies, was wir kennen, erschaffen hat und dennoch verneinen viele Menschen Ihre eigene Schöpferkraft noch im gleichen

Atemzug. Folgen wir der Logik, dass wir also als Gottes Kinder ein Teil von Ihm sind und dann wohnt ein Teil von Ihm in uns. Sie meinen, Sie können nichts erschaffen – und doch tun Sie es in jeder Sekunde Ihres Lebens.

Genau dies soll uns das chinesische Sprichwort am Anfang des Kapitels zeigen. Ständig denken Sie, sprechen Sie, handeln Sie, ohne wirklich darüber nachzudenken oder ganz bei der Sache zu sein. Es geht darum, dass sie beginnen, achtsam mit sich selbst zu sein. Also überdenken Sie, was Sie denken, was Sie für wahr halten und wie Sie handeln.

Im Allgemeinen wollen Eltern, dass sich Ihre Kinder gut entwickeln und es besser machen und haben, als sie es in ihrem Leben gehabt haben.

Dummerweise übernehmen Kinder, ohne darüber nachzudenken, die Muster ihrer Eltern, die diese Muster wiederum von ihren Eltern übernommen haben. Da können Sie mir hoffentlich zustimmen.

Wir leben unser Leben in der Ansicht, dass wir unabhängig von anderen Menschen eine Entwicklung durchlaufen. Doch in Wahrheit sind wir nicht frei. Wir leben diese alten Muster unbewusst weiter und das, ohne diese zu kennen. Nicht umsonst sucht man sich, wiederum unbewusst Partner aus, die einem der Elternteile entsprechen. Dabei erleben Sie möglicherweise auch, wenn Sie sich den Rückblick in Ihre Vergangenheit erlauben, dass Ihre Beziehungen der Ihrer Eltern nicht unähnlich sind oder sogar gleich verlaufen. Sie finden die gleichen Lebensmuster, die Ihre Eltern lebten, jetzt in Ihrer Beziehung wieder.

Hierzu eine kurze Geschichte, die diese Muster an einem harmlosen Beispiel aufzeigt. Allerdings präsentiert diese auch die Tragweite von solchen Mustern.

Es begab sich also, dass sich Freunde anlässlich einer Einladung zusammenfanden. Die Gastgeberin wollte einen Braten machen und einer der Gäste stand bei Ihr in der Küche, als sie gerade dabei war den Braten vorzubereiten. Sie schnitt als erstes an jeder Seite ein Stück ab. Als Ihr Bekannter das sah, wollte er wissen, warum Sie das tat. Die Antwort lautete: „Das hat meine Mutter auch schon so gemacht." Da Ihr Freund neugierig war und die Erklärung ihn nicht befriedigte schlug er vor, Ihre Mutter anzurufen. Das wurde gemacht. Die Tochter fragte also die Mutter: „Sag mal, warum hast Du von dem Braten immer auf beiden Seiten ein Stück abgeschnitten?" Die Antwort lautete: „Das hat meine Mutter auch schon so gemacht."

Da auch ihre Oma noch lebte, wurde diese als Nächste angerufen und gefragt: „Sag mal, warum hast Du von dem Braten immer auf beiden Seiten ein Stück abgeschnitten?" Die Antwort lautete: „Weil er sonst nicht in den Bräter passte. Die waren früher nicht so groß."

Sie sehen, wie Kinder einfach Dinge und Handlungen von ihren Eltern übernehmen, ohne diese nach Sinnhaftigkeit oder ihren Zweck zu hinterfragen. So haben Sie es getan und ihre Kinder tun es und deren Kinder ebenfalls.

Übung 4: Muster finden

Teil 1.

Nehmen Sie sich ein paar Minuten Zeit, atmen Sie einige Male tief ein und aus. Entspannen Sie sich. Lassen Sie die Bilder Ihrer Partnerschaft vor Ihrem inneren Auge ablaufen. Was gefällt Ihnen in Ihrer Partnerschaft und was sagt Ihnen nicht zu? Vielleicht möchten Sie sich diese Dinge notieren, damit Sie die Liste später vervollständigen können. Nehmen Sie sich für den zweiten Teil ein neues

Blatt und legen Sie dieses eben genutzte bei Seite, mit der Schrift nach unten.

Teil 2.

Nun schauen Sie zurück auf Ihre Eltern und deren Beziehung. Rufen Sie sich selbst als Kind oder Teenager in Erinnerung und nun fragen Sie diesen jungen Mann oder das Kind: „Was hat dir als Kind in Deiner Familie gefallen und was nicht?" Nun warten Sie auf die Antworten. Am besten notieren Sie sich diese im Anschluss auf einen zweiten Zettel.

Gibt es Übereinstimmungen?

Gibt es Dinge, die Sie komplett anders leben?

Und falls ja, warum?

Vermutlich sind Ihre Ergebnisse der erkannten Muster bei Ihnen ähnlich, wie meine Eigenen als ich diese Übung zum ersten Mal machte. Ich konnte eine Menge Muster erkennen, die ich so lebte, wie meine Eltern sie gelebt hatten. Meine Beziehungen spiegelten mir mein Elternhaus wieder und zwar in vielen Bereichen. Mein Leben tat dies auch. Auf der anderen Seite gab es einige Verhaltensweisen bei mir, die ich wirklich völlig entgegengesetzt auslebte. Dennoch musste ich mir eingestehen, dass dies auch nur eine Folge der Ab- oder Auflehnung war und damit eben keine freie Entscheidung. Es war einfach eine für mich beschlossene Sache: So nicht! Wenn schon, dann nur so!

Und anschließend habe ich diese, mit der zugrundeliegenden Entscheidung, erzeugten Muster nicht mehr auf Ihren Nutzen für mich überprüft. Ich hatte mich Ihnen unterworfen, ohne darüber nachzudenken.

Sie können anhand der Übung und den damit verbundenen Beobachtungen, wahrscheinlich schnell erkennen, dass nicht bewusste Muster in Ihrem Leben wirken und dieses beeinflussen. Somit erschaffen Sie etwas; nämlich Ihre höchst eigenen Lebensumstände.

Doch nicht genug damit, dass Sie Ihre Partnerschaft unter die Lupe nehmen. Das geht auch mit anderen Mustern. Zum Beispiel:

- Wie sind Ihre Eltern mit Geld umgegangen?
- Wie standen Ihre Eltern der Politik gegenüber?
- Wie haben Ihre Eltern Ihre Freizeit verbracht?
- Wie sind Ihre Eltern mit Problemen umgegangen?
- Welche Geisteshaltung hatten Ihre Eltern?
- Usw.

Wie gehen Sie mit diesen Bereichen um?

Die Macht des Wortes

Unsere Worte haben eine große Macht. Leider verwenden viele Menschen diese sehr unachtsam. Die Gedanken können wir nicht vollständig kontrollieren. Dazu gibt es zu viele Einflüsse von außen, egal ob durch die Medien oder durch Freunde und Bekannte.

Allerdings haben wir volle Kontrolle über unsere Worte, also das, was wir sagen. Damit haben wir eine enorme Macht über uns und unsere Umwelt. Es ist ein riesiger Unterschied, ob wir loben oder kritisieren. Passiert Ihnen ein Fehler, können Sie natürlich über sich schimpfen und dabei die hier folgende Variante wählen.

Meistens hört es sich doch so an:

„Du Trottel! Warum hast Du das gemacht? Wie bist Du nur auf eine solche idiotische Idee gekommen! Ich hätte doch auf mein Gefühl hören sollen. Beim nächsten Mal wirst Du gefälligst auf Dein Gefühl hören!"

Oder:

„Das hast Du gut gemacht, ABER ..."

Aber-Sätze sind Ohrfeigen, denn alles, was vor dem ABER steht, können Sie auch ungesagt lassen, denn es wird dadurch negiert. Besser ist UND statt ABER!

„Das war gut gedacht und beim nächsten Mal kannst Du es ja vielleicht so probieren."

UND-Sätze verbinden. Somit vereinen wir in dieser UND-Aussage, dass wir den Mut schätzten, den diese Handlung brauchte und bieten eine Möglichkeit an, beim nächsten Mal neue Wege zu gehen.

Schon in der Bibel finden wir den Satz: „Am Anfang war das Wort und das Wort war bei Gott."

Mit diesem Wort wurde das Universum erschaffen.

Gehen Sie davon aus, dass Sie und ich Gottes Kinder sind. Tun Sie das, dann liegt der Schluss nahe, dass auch Sie die Macht des Wortes in sich tragen und Sie sich dieser Macht wahrscheinlich nicht mehr bewusst sind. Die Macht des Wortes wurde Ihnen gegeben, um sich in göttlicher Weise zu entwickeln. Leider sind viele nachlässig mit den Worten, die sie sprechen und erschaffen daher Ängste, Zweifel, Missgunst, Neid usw. Und alles fällt Ihnen wieder vor und auf die Füße.

Denken Sie um. Meine Frau und ich haben zum Beispiel aus dem Satz: „Zwei Dumme, ein Gedanke!" diesen gemacht.

„Zwei Intelligente, ein Gedanke!"

oder statt: „Die dümmsten Bauern ernten die dicksten Kartoffeln!"

„Die intelligentesten Bauern ernten die dicksten Kartoffeln!"

Sind Sie dumm, weil Sie und ein anderer den gleichen Gedanken zur gleichen Zeit hatten?

Oder:

Wollen Sie wirklich dumm sein oder werden, damit Sie die dicken Kartoffeln, also den Erfolg endlich ernten?

Also seien Sie achtsam, mit dem, was Sie sagen.

Veränderungsprozesse

Am Anfang steht der Wille: Ich will...

In diesem Kapitel stelle ich Ihnen einige der Möglichkeiten vor, wie Sie Ihr Leben verändern können. Grundsätzlich unterscheide ich in drei Varianten, die uns Veränderungen erlauben und ermöglichen; also wahr werden lassen.

Diese Varianten sind:
-           Die Aktive
-           Die Passive
-           Die Zufällige

Was das im Einzelnen bedeutet, zeige ich Ihnen jetzt.

Die AKTIVE Methode

Diese bedeutet schlicht und ergreifend, dass Sie an sich arbeiten. Dazu gibt es eine Menge Möglichkeiten, von denen ich Ihnen im Weiteren einige selbst erprobte Methoden vorstelle.

Die Aktive Methode ist die, mit der Sie größte Entwicklungsgeschwindigkeit haben. Das liegt daran, dass Ihre Motivation sehr hoch ist. Damit ist Ihnen Ihre Ausrichtung bekannt. Das bedeutet weiterhin, Ihrem Bewusstsein und Ihrem Unterbewusstsein und damit Ihrem ganzen Körper ist diese Ausrichtung ebenfalls klar. Sie kennen Ihr Ziel und wollen es auf jeden Fall erreichen. Eventuell haben Sie sich noch nicht für eine einzelne Methode entschieden und suchen noch die für Sie passende. Sie sind aktiv auf dem Weg.

Entscheidend für Sie hierbei ist es, dass Sie der Handelnde sind. Sie wollen nicht anderen Ihre Probleme oder Themen auftischen.

Selbst ist der Mann oder die Frau. Auf Ihrer Suche finden Sie Bücher, Seminare oder was sonst, in denen Sie eine Anleitung bekommen, mit der Sie weiterhin arbeiten können.

Der Nachteil kann hierbei in vielerlei Form Gestalt annehmen. Ein möglicher Nachteil ist, dass Sie vielleicht ein Perfektionist sind. Sie wollen erst alles wissen und verstehen und erst dann kommen Sie ins Tun. Das kann im schlimmsten Fall auch niemals geschehen.

Eine andere Gestalt der Nachteile, wenn Sie ins Tun gekommen sind, ist der so genannte „Blinde Fleck", den jeder hat. Keine Sorge, ich hatte ihn auch. Der „Blinde Fleck" ist das geheime Schließfach unseres Unterbewusstseins. Wir erkennen es nicht einmal, wenn andere Menschen uns dieses Problem spiegeln. Es ist nicht existent für uns. So kann es passieren, dass Sie sich um dieses Thema immer wieder im Kreis drehen. Hier kommen Sie früher oder später nicht um die Hilfe Dritter herum, vorausgesetzt, Sie erkennen, dass Sie Hilfe benötigen. Es gibt natürlich auch die Möglichkeit, dass Sie keine Hilfe benötigen.

Die PASSIVE Methode

Tatsächlich ist diese Variante keine grundsätzlich Passive. Hier steht das Wort PASSIV nur für den Aspekt im Vorgehen oder in der Umsetzung. Nämlich darin, dass Sie Hilfe suchen oder sich in die Hände von einer dritten Person begeben, um sich zu entwickeln. Ansonsten sind Sie ebenfalls aktiv auf der Suche. Der Aktive ist eher die Selfmade-Person und will die Ergebnisse selbst verursachen. Als passiver Mensch ist Ihnen vielleicht schon einmal hervorragend von einer dritten Person geholfen worden. Egal ob es sich um einen Therapeuten, Heilpraktiker, Arzt, Coach oder Heiler handelt. Deshalb suchen Sie nun eine Hilfe in Menschengestalt und nicht in Form von Büchern oder Seminarinhalten. Sie bevorzugen einen Menschen, dem Sie Ihre Situation schildern und der mit Ihnen zusammen einen Lösungsweg erarbeitet und beschreitet.

Eine andere Möglichkeit, warum Sie sich in die Hände anderer begeben, kann die Gleiche sein wie bei mir. Ich beschummele mich gerne. Tun Sie das auch? In einigen Fällen, wo ich mir mit den unterschiedlichsten Methoden helfen wollte, habe ich an den unangenehmen Wahrheiten gerne vorbeigesehen. Dadurch ging es dann zum Teil gar nicht oder nur sehr schleppend vorwärts und am Ende war ich frustriert und sauer auf mich. Falls Sie auch zu diesem Personenkreis gehören, sind Sie auf jeden Fall auf dem richtigen Weg, wenn Sie sich Hilfe holen. Sonst geht es kaum oder nur schleppend voran.

Nachteilig kann es sich auswirken, wenn Sie nicht wirklich Vertrauen in andere Personen entwickeln wollen oder können. Denn das ist die große Voraussetzung, dass Sie der Person, in deren Hände Sie sich begeben, auch vertrauen wollen. Fällt Ihnen Vertrauen aufzubauen, schwer, laufen Sie eventuell von einem zum anderen und laufen und laufen, ohne über die Ziellinie zu gehen und damit eine Wahl oder Entscheidung getroffen zu haben.

Daraus ergibt sich möglicherweise ein anderer Nachteil für Sie. Was ist, wenn nichts passiert? Wer ist schuld, wenn die Veränderung nicht eintritt? Nun, die Schuld, falls Überhaupt von Schuld gesprochen werden kann, liegt bei dem, der die Veränderung nicht zulassen will. Schuld gibt es in meinen Augen nicht. Es ist einfach noch nicht die richtige Zeit für die angestrebte Neuordnung. Es benötigt vielleicht noch die eine oder andere Weichenstellung im Vorfeld und dann geht es plötzlich.

Bei manchen Menschen kann eben noch der Leidensgewinn größer als der Leidensdruck sein. Deswegen wollen sie noch gar keine Hilfe bekommen oder annehmen und gehören zu denen, die laufen und laufen und laufen. Damit haben diese Menschen zumindest eine Alibifunktion erfüllt. Das so Tun als ob.

Auf dieses Phänomen bin ich in meiner Arbeit schon öfter mal gestoßen. Immer wieder habe ich Klienten erlebt, die zu Heil- oder Coachingsitzungen gekommen sind und dann bei der zweiten oder dritten Sitzung zu mir sagten: „Es ist schon komisch für mich das festzustellen, aber jetzt weiß ich, dass ich bereit bin dieses Thema endlich loszulassen." Also machen Sie sich nicht zu viele Vorwürfe, falls Sie feststellen, dass Sie mit dem Loslassen Schwierigkeiten haben. Sie sind nicht allein damit und können es ändern.

Die Methode Zufall

Diese Methode kann immer zum Tragen kommen. Meistens passiert Sie in Form einer spontanen Erkenntnis oder einer Einsicht in die Dinge, die einen bewegen oder umtreiben. Auch der Zufall ist dabei nicht ganz so zufällig, wie es im ersten Augenblick den Anschein hat; aber es kann so zufällig geschehen.

Also, wie laufen diese Zufälle ab?

Oft ist es doch so. Sie wollen etwas an sich verändern; eventuell ein eingefahrenes Verhaltensmuster, von dem Sie schon gar nicht mehr wissen, wann es entstanden ist. Es nervt Sie und Sie wollen eine Korrektur. Dazu haben Sie möglicher Weise schon Seminare besucht, Sitzungen mit einem Therapeuten abgehalten oder endlose Mengen an bedrucktem Papier gelesen. Das Ergebnis ist gleich NULL. Die Veränderung passiert nicht. Allenfalls hält Sie für ein paar Tage an und dann fallen Sie ins alte Muster zurück. Daher haben Sie es satt sich abzumühen und gestehen sich ein, die Veränderung nicht bewerkstelligen zu können. Genau dann geschieht etwas Nebensächliches oder Sie beobachten eine Szene im Alltag oder Sie sehen einen Film und plötzlich fällt es Ihnen wie Schuppen von den Augen; Sie klatschen sich mit der flachen Hand vor die Stirn und wissen nun, warum und woher dieses Verhaltensmuster kam. Damit ist es erledigt. Das ist gut, wenn es passiert, doch es gibt keine Garantie, dass es passiert.

Eine Geschichte aus dem Leben

Hier möchte ich Ihnen ein Beispiel für einen dieser erwähnten Zufallserkenntnisse erzählen lassen:

Ein lieber Bekannter von mir, hatte über Jahre hinweg Depressionen. Auf dem Höhepunkt der Krankheit durfte er mehrere Male in die Klinik. Doch die Aufenthalte zeigten keine Verbesserung seiner Lage. Denn er wollte die Lehren der Ärzte und Therapeuten nicht annehmen. So gingen weitere Jahre ins Land. Nach und nach wurde der Alkohol sein bester Freund.

So blieb es nicht aus, dass er aufgrund des Alkohols wieder in die Klinik ging, diesmal für einen Entzug. Wieder durchlief er verschiedenste Therapiesitzungen in der Klinik. Doch bis auf weiteres suchte er für seine Lage immer noch die Schuld bei den anderen Menschen. Wie er mir erzählte, kam der Durchbruch der Erkenntnis, als er eigentlich lieber zum Mittagessen gehen wollte und vorher noch einen Termin hatte. Das machte ihn wütend, so richtig wütend.

Doch dann, ganz plötzlich, wurde im klar, dass nur er den Stress in sich erzeugte. Niemand machte ihn wütend außer der Vorstellung, dass andere sein Leben beeinflussen. Diese Vorstellung übertrug er auf andere Menschen und in die Zukunft. Das war eine echte Erkenntnis für Ihn. So kam es, dass er plötzlich ruhig wurde und ihm seitdem ein toller Entwicklungsprozess gelungen ist.

Diese Erkenntnis verhalf ihm auch auf den Alkohol zu verzichten und er ist aus meiner Sicht kuriert.

Nachdem Sie die Geschichte gelesen haben, werden Sie sicher verstehen, dass ich für die Methode Erkenntnis per Zufall keine Lösung anbieten kann.

Jedoch für die Menschen, die aktiv werden wollen oder auch nach Möglichkeiten der Unterstützung durch Dritte suchen, werde ich hier einige Methoden aufzeigen.

Ziele

Zunächst ein Wort zu dem beliebten Thema Ziele. In diesem Zusammenhang wird oft und in wirklich vielen Büchern davon gesprochen, dass es gut und wichtig ist, Ziele zu haben, sich die Ziele aufzuschreiben und zu formulieren. Das ist im Grunde eine gute Vorgehensweise. Leider neigen viele Menschen dazu, dieses Formulieren abzukürzen, in dem Sie sich Erfolg oder Fülle wünschen. Aber was genau steckt denn hinter dem Wort Erfolg. Für unser Unterbewusstsein heißt Erfolg doch nur, irgendeine Handlung oder ein Vorhaben so abzuschließen oder es so zu vollenden, dass das Ergebnis unseren Anschauungen oder Glaubenssätzen entspricht. Ist unser Glaubenssatz einer, der es uns nicht erlaubt in Reichtum zu leben, dann hat unser Unterbewusstsein durch das zum Scheitern bringen unseres Ziels oder unserer Pläne – zum Beispiel in Reichtum zu leben - Erfolg gehabt.

Das heißt, wir können finanziell erfolgreich scheitern oder erfolgreich krank bleiben oder erfolgreich uns die falschen Lebensgefährten oder Arbeitsplätze aussuchen. Das Ergebnis gefällt uns nicht und dennoch waren wir erfolgreich.

Deswegen ist es als Allererstes wichtig, eine Zustandsbeschreibung unseres Lebens jetzt im Augenblick zu machen und wir beginnen mit dem Denken und Reden.

Dieser Vorgang ist deswegen wichtig, weil Ihre bewussten und unbewussten Anschauungen und Glaubenssätze bis heute Ihr Leben bestimmt und gestaltet haben. Die Energie, die Sie bis jetzt ausgesandt haben, also in der Vergangenheit, hat als Resonanz Ihre Gegenwart erschaffen. Mit dafür verantwortlich ist unter anderem Ihr Denken und Reden.

Denn das, was Sie denken, sprechen Sie auch aus.

Das, was Sie aussprechen, nehmen Ihre Ohren auf.

Das, was Ihre Ohren aufnehmen, gelangt in Ihr Bewusstsein, den Verstand und anschließend in Ihr Unterbewusstsein.

Das, was in Ihrem Bewusstsein und Unterbewusstsein landet, sorgt für eine Schleife.

Diese Schleife sieht so aus:

Ohr an Gehirn. Aha, DAS will er also. Er hat DAS nun schon so oft gesagt, dass ich davon ausgehe, er will es wirklich erleben. Also Gehirn, gib diese Information mal an das Unterbewusstsein weiter. Das Unterbewusstsein: Gut, dann will ich mal in Aktion treten und die Situationen erschaffen, die er sich wünscht.

Später sieht es vielleicht so aus:

Sieh mal einer an. Er sagt ja immer noch, dass er „Diesen alten Kram" erleben will. Gut, das heißt, er wird es ja wirklich noch wollen. Dann will ich mal wieder in Aktion treten und ihm wieder so eine Situation erschaffen, die er sich wünscht. Vielleicht denkt er dann ja in neuen Bahnen.

So beginnt sich das große Räderwerk der Energien immer wieder aufs Neue zu drehen und das Gesetz der Resonanz sorgt dafür, dass Sie in Situationen geraten, die Sie sich gar nicht erschaffen wollten. Oder war es anders herum gewollt.

Aus diesem Grund ist das ständige Jammern, Klagen, Stöhnen und Lästern über andere eine wirklich kontraproduktive Verhaltensweise. Sie erschaffen sich auf diese Weise für Ihr Unterbewusstsein Ziele, die Sie bewusst gar nicht erfüllt haben wollen; oder etwa doch? Doch zum Glück ist es relativ leicht, an dieser Stelle gegenzulenken, um auf neue Wege zu stoßen.

Übung 5: Gummiband

Diese Übung ist simpel. Ich habe Sie bei Manfred Mohr auf einem Workshop kennen gelernt. Besorgen Sie sich ein Gummi- oder Silikonband, welches Sie sich an das linke oder rechte Handgelenk ziehen. Es sollte auf jeden Fall ein Gummiband sein und Sie erfahren gleich warum.

Die Aufgabe ist nun folgende:

Erwischen Sie sich beim Jammern, Klagen, Stöhnen, Schimpfen oder Lästern über andere, dann wechselt das Gummiband das Handgelenk. Meine Vermutung ist, dass Sie am Anfang, so wie es mir auch erging, ständig das Gummiband von einem Handgelenk zum anderen wechseln. Es wird zum Glück ziemlich schnell besser.

Ziel ist es allerdings, das Gummiband drei Wochen am selben Handgelenk zu tragen. Bis es dahin kommt, kann es manchmal eine Weile dauern. Falls Sie kein Gummiband finden, schicke ich Ihnen gerne eines zu.

Diese Übung ist wichtig, um sich darüber klar und bewusst zu werden, welches Ihre Denk- und Sprechgewohnheiten sind. Außerdem führt es – so meine eigene Erfahrung – tatsächlich dazu, dass Sie mit der Zeit anders zu Denken und in der Folge anders zu Sprechen beginnen. Damit bekommt Ihr Gehirn und Ihr Unterbewusstsein neue positive Informationen. Diese beiden Instanzen verstehen dann, dass Sie nun eine neue Richtung einschlagen wollen; nämlich eine Positive.

In den Bereich der Ziele gehört ganz klar der Aspekt, Ihre Ziele in Worten so zu formulieren, dass klar wird, was Sie wollen und nicht, was Sie nicht wollen und noch wichtiger ist es, was Sie wirklich wollen. Leider sind viele Menschen Weltmeister im Feststellen, was Sie nicht wollen. Also machen Sie sich wirklich bewusst, was Sie wollen.

Ein Beispiel: Stellen Sie sich vor, Sie sitzen in einem Restaurant. Der Kellner bringt Ihnen die Karte und verschwindet höflich wieder. Nach 10 Minuten steht er vor Ihnen, fragt nach Ihren Zielen und Wünschen, sprich nach dem, was die Küche Ihnen zubereiten soll. Und nun beginnen Sie dem Kellner zu sagen: Ja, also. Ich möchte kein Rumpsteak und ich will auch die Schweinemedallions nicht. Wiener Schnitzel will ich auch nicht und schon gar nicht die Spaghetti in Sahnesauce......

Was glauben Sie? Bekommen Sie etwas zu essen? Oder wird Sie der Ober freundlich auffordern, zu gehen und Ihnen dabei mitgeben, dass es bestimmt irgendwo ein Restaurant mit Hellsehern als Kellnern gibt, die Ihre Gedanken lesen können und Ihnen daher das bringen, was Sie wollen. Nur er sei kein Hellseher. Auf Wiedersehen!

Energie folgt der Aufmerksamkeit

Also; was wollen Sie? Sind es ein oder zwei Ziele, die Sie so formuliert haben, wie es richtig ist (in der Gegenwart, mit Datum und Mengenangabe, so als hätten Sie es bereits erreicht) oder haben Sie 25 Ziele notiert?

Es ist eine alte Weisheit, dass die Energie der Aufmerksamkeit folgt. Anders gesprochen, nur da wo Sie Energie hineinbringen oder Arbeit, Kraft und Zeit investieren, weil Sie diese Sache ständig im Fokus haben, wird ein Ergebnis zu erwarten sein. Das bedeutet, für Ihre Ziele ist es wichtig, dass diese Ihre Aufmerksamkeit erhalten, um mit Energie versorgt werden zu können. Haben Sie ein Ziel, wird es stets Ihre Aufmerksamkeit haben. Es geht Ihnen nicht aus dem Sinn. Sie überlegen ständig, was Sie tun können um Ihrem Ziel näher zu kommen oder aber, wen Sie um Unterstützung bitten wollen. Sie arbeiten daran und das bringt Sie dem Ziel näher. Haben Sie zu viele Ziele, verlieren Sie vielleicht den Überblick, welches Ziel nun die größte Aufmerksamkeit verdient und wahrscheinlich verzetteln Sie sich. Einmal investieren Sie hier Zeit und Geld, das nächste Mal dort und dann wieder an einer anderen Stelle. Was glauben Sie: wie erreichen Sie schnellere und bessere Ergebnisse?

Das ist ähnlich wie beim Kochen. Stellen Sie sich vor, Sie haben einen Herd mit zwei Platten und wollen Nudeln und eine Sauce dazu kochen. Beide Dinge bekommen die notwendige Energie und beides wird beim Servieren auch heiß sein. Das geht Prima, völlig ohne Probleme.

So, und nun wollen Sie am gleichen Herd aus Fleisch und Fisch Gerichte braten, die gleichzeitig auf den Tisch kommen sollen. Dazu soll es Bratkartoffeln geben und zwei unterschiedliche leckere Saucen für die Sie Zwiebeln anschwitzen müssen. Außerdem muss der Nachtisch zur Vorbereitung auch auf eine Herdplatte, damit er im Anschluss abgekühlt serviert werden kann. Was wird geschehen? Entweder sind das Fleisch, der Fisch, die Saucen oder die Bratkartoffeln kalt oder alles ist nicht richtig durch, weil Sie ständig eine andere Pfanne auf den Herd stellen mussten. Sie können den vielen Töpfen nicht die notwendige Energie zur Verfügung stellen, damit das Essen gelingt. So wird das Kochen zum Stress oder das Essen zur Qual.

Die Alternative ist mehrere Gänge aus den Zutaten zu erschaffen. Dann mag es gehen, weil nicht alles gleichzeitig fertig sein muss und die Energie nach und nach aufgebracht wird.

Sie sehen, selbst hier gibt es einen Weg, alles zu erreichen. Manchmal ist es sinnvoll quer zu denken, sprich neue oder andere Wege einzuschlagen.

Denn so lange, wie Sie immer nur das Gleiche tun, werden Sie keine anderen Ergebnisse erhalten; sprich Ihr Leben sich nicht verändern.

Doch vor allem: werden Sie sich klar darüber, was Sie ganz persönlich wollen. Hören Sie auf Ihre innere Stimme und Sie erfahren, welche Ziele Ihnen wichtig sind. Es sind die Ziele, die nicht durch Medien, Freunde, Vorgesetzte oder die Werbung vorgegeben werden. Die Seele sucht den richtigen Weg, um Ihre eigene Entwicklung zu fördern und damit bestimmt Sie auch die Ziele, die Sie Ihnen durch Ihre innere Stimme mitteilen will und wird.

Was bedeutet dies für Ihre Ziele. Auf Ihre Ziele bezogen heißt das: ordnen Sie Ihren Zielen Prioritäten zu. Welches Ziel soll als erstes erfüllt sein? Gibt es Ziele, die Sie sowieso nur erreichen können, wenn ein anderes Ziel vorher erreicht ist? So ist es Ihnen möglich, ein Ziel nach dem anderen über die Ziellinie zu bringen. Ist da vielleicht ein kleines, unscheinbares Ziel, welches Ihnen Ihre innere Stimme zuflüstert. Dann ist es gut, dieses Ziel vor alle anderen zu stellen.

Ein anderer Weg ist Ziele in Gruppen zusammenzufassen. Zum Beispiel in je eine Gruppe Beruf, Gesundheit, Erfolg und Privates. Dann ist es durchaus machbar, unter einen solchen Hauptpunkt drei bis vier Ziele aufzuhängen. Die Aufmerksamkeit bleibt dann für alle Ziele erhalten. Denn, wenn Sie an den Oberpunkt der Ziele denken, sind die Unterziele direkt mit im Fokus. Durchaus möglich, dass Sie für sich selbst noch eine bessere Variante finden.

Nachdem wir ein wenig Klarheit in die Themen Aufmerksamkeit und Energie gebracht haben, möchte ich mich jetzt mit Ihnen den lieben Gewohnheiten zuwenden.

Was sind Gewohnheiten?

Gewohnheiten sind automatisierte Handlungen. Sie haben gehen, Rad fahren, Ski fahren oder auch Auto fahren gelernt. Wie ich wetten möchte, konnten Sie es nicht innerhalb von zwei Minuten. Zu Beginn mussten Sie Ihre ganze Aufmerksamkeit und Energie in diese Handlungen geben, um es so zu erlernen, dass Sie keine Unfälle hatten und die Richtung halten konnten. Nachdem der Körper die Bewegungsabläufe draufhatte, konnten Sie sich, während Sie Auto fahren, plötzlich angeregt unterhalten, ohne zu einer Verkehrsgefährdung zu werden. Das bedeutet, Ihr Unterbewusstsein hält seine Aufmerksamkeit auf die Straße und den Verkehr gerichtet, und Sie merken es gar nicht mehr, sind sich dessen nicht mehr bewusst.

Das bedeutet für Sie: bei automatisierten Handlungen oder alten Mustern und Gewohnheiten, lenkt Ihr Unterbewusstsein Ihre Energie in Ziele, ohne dass Sie es bewusst noch wahrnehmen. Sind Sie sich weder des Zieles noch der Gewohnheiten bewusst, weil vielleicht Muster Ihrer Eltern dahinterstecken, die Sie, ohne diese zu hinterfragen, übernommen haben, dann wird Ihr Unterbewusstsein am Steuer sitzen und Ihr Leben lenken. Ist das so, dann laufen die Energien in Richtungen, die Sie oder Ihre Projekte immer wieder zu Fall bringen könnten. Wollen Sie das?

Mit Gewohnheiten, die Ihnen einen Nutzen bringen, ist das eine feine Sache. Alles andere ist sinnvoller Weise zu überdenken.

Übung 6: Angewohnheiten

Nun erfolgt eine Bestandsaufnahme Ihrer Gewohnheiten und Muster. Der erste Schritt ist folgender: nehmen Sie sich Zeit und schreiben Sie alles auf, was Ihnen bewusst als Gewohnheit einfällt. Sie können diese Liste immer wieder erweitern. Vermutlich tritt die eine oder andere Gewohnheit nicht gleich aus dem Schatten.

Der Zweite Schritt erfordert vielleicht den größten Mut. Fragen Sie Ihren Lebensgefährten oder Partner, welche Gewohnheiten und Muster er von Ihnen kennt. Vor allem die Muster möchte er Ihnen mitteilen, die ihn stören oder gar zur Weißglut bringen (das verwenden wir auch noch später).

Im dritten Schritt fragen Sie Freunde oder gute Arbeitskollegen.

Im nächsten Schritt sortieren Sie nach hilfreichen und behindernden Gewohnheiten.

Auf diese Weise bekommen Sie einen Spiegel, der mit Ihnen spricht. Frei nach Schneewittchen können Sie den sprechenden Spiegel für sich nutzen. Spieglein, Spieglein an der Wand, was ist die schlimmste Angewohnheit in meinem Land?

Nachdem Sie Ihre Sammlung alter Muster angelegt haben, besteht der nächste Schritt darin, dass Sie sich fragen, von wem Sie diese Muster übernommen haben. Sehen Sie sich dabei die hilfreichen Muster zuerst an. Das ist leichter und das Unterbewusstsein wird Sie eher unterstützen und sich an die Arbeit gewöhnen. Zum Beispiel war eines meiner Muster ein nettes Krankheitsmuster. Immer um die Weihnachtszeit oder Jahreswende bekam ich meine Erkältung. Einmal schlimmer, im Jahr darauf in abgeschwächter Form. Irgendwann fiel mir ein, dass mein Vater es ebenso gehalten hatte. Immer hübsch zur selben Zeit, sprich mit dem Jahresende hatte er seine Erkältung. Nachdem ich diese Tatsache für mich ins Bewusstsein gebracht hatte, konnte ich dieses Muster auflösen und bin seitdem ohne Erkältung zum Jahresende unterwegs.

Wege aus Gewohnheiten

Es gibt unterschiedliche Wege aus alten Gewohnheiten auszusteigen und neue Wege zu gehen. Bei der einen Gewohnheit mag es einfach sein, bei der anderen schwieriger. Die eine Methode funktioniert hier, die nächste da. Aus diesem Grund stelle ich mehrere Möglichkeiten vor, die Sie nutzen können, um alte Muster abzulegen. Vielleicht wollen Sie ja auch das eine oder andere Muster beibehalten oder nur ein klein wenig verändern. Sie bestimmen, was für Sie jetzt richtig ist. Denn nur, wenn Sie die Veränderung auch wollen, haben Sie Aussicht auf Erfolg. Sonst sind Sie wieder bei einem SOLLTE-Thema angelangt. Der Gedanke: „Eigentlich sollte ich dies oder das ändern, aber...", ist ein schlechter Ausgangspunkt für Veränderungen. Sie erinnern sich: Diese SOLLTE-Sätze tragen das Versagen schon in sich oder nehmen es bereits vorweg. Falls Sie die Auflösung eines Musters zurzeit noch nicht wollen, dann lassen Sie es erst einmal dabei bewenden. Eine Bitte allerdings von mir an dieser Stelle: Nutzen Sie das gerade geschriebene nicht als Ausrede, es nicht zu tun. Es ist ganz und gar Ihre Entscheidung. Also, seien Sie sich selbst und anderen gegenüber ehrlich.

Lob statt Kritik

Vielleicht ist eine Ihrer Gewohnheiten gerne andere oder sich selbst zu kritisieren oder an Sachen und Gegebenheiten herumzunörgeln. Dann ist eine der besten Möglichkeiten aus diesem Muster auszusteigen, dass Sie beginnen, sich, Andere und Anderes zu loben.

Kritik ist ein schleichendes Gift in jeder Beziehung. Mit Beziehung meine ich alle zwischenmenschlichen Kontakte; egal ob in der Familie, im Freundeskreis oder im Berufsleben. Auch Menschen, die Sie nur auf der Straße sehen und schon nicht mögen, weil diese anders gekleidet sind, zu dick sind oder nicht gut genug Auto fahren, können Sie für irgendetwas loben. Und sei es der Mut, sich so zu kleiden etc.

Warum ist Kritik ein schleichendes Gift?

1.   Da sind wir wieder bei dem, was ich schon erwähnte. Das, was Sie aussprechen und damit hören, tun Sie sich selber an. Wollen Sie sich wirklich dauerhaft selber Schaden zufügen und sich dadurch selber behindern?

2.   Andere Menschen mögen Sie trotz der Kritik, die Sie Ihnen geben. Kinder lernen trotz der Kritik und nicht wegen Ihrer Kritik oder der Kritik der Lehrer. Ihr Partner liebt Sie trotz Ihrer Kritik an Ihm und nicht weil Sie ihn kritisieren. Wie könnte diese Liebe oder das Lernen sich verändern, wenn Lob ins Spiel kommt oder Güte und Toleranz?

3.   Haben Sie es lieber von Ihrem Chef, Vorgesetzten oder Kunden gelobt oder kritisiert zu werden? Welche Auswirkung hat Lob auf Sie und welche Auswirkung hat Kritik auf Sie?

Kritik führt dazu, dass die Menschen in eine Abwehrhaltung kommen. Sie machen zu. Lob öffnet die Menschen und vertieft die Beziehungen. Daher ist es besser für Ihre Beziehungen, das Positive in den Menschen zu sehen. Lob motiviert die Menschen und Sie werden es Ihnen danken, indem Sie beginnen, Sie zu loben. Ein Lob ist ein Liebesbeweis für die Menschen in Ihrem Umfeld, besonders für Ihren Partner. Kritik ist eine Ohrfeige. Wie lange werden Sie mit einem Menschen auskommen, der Ihnen einmal in der Woche sagt, dass er Sie liebt und 100 Mal sagt, was er an Ihnen nicht toll findet?

Eine tolle Idee ist es übrigens, diese Methode mit der des Gummibandes am Handgelenk zu kombinieren.

Es ist Ihnen hoffentlich klar, dass ein völlig unkritisches Verhalten Dummheit ist. Es gibt Dinge, die müssen Sie abwägen, also kritisch betrachten, um nicht einen großen Fehler zu begehen.

Allerdings bitte ich Sie, kritisches Betrachten nicht als Ausrede fürs Nichts Tun zu nutzen, weil Sie nur nach Möglichkeiten des Scheiterns suchen, denn die Energie und die Ergebnisse folgen der Aufmerksamkeit.

Falls Sie jedoch einen Beweis benötigen, dass Kritik Ihnen selber schadet, egal ob gedachte oder ausgesprochene Kritik, dann können Sie sich den Beweis über den kinesiologischen Muskeltest holen. Die Idee, die hinter dem Muskeltest steckt, ist die Folgende. Zellen kennen nur zwei Zustände: Wachstum oder Schutz; das heißt übersetzt JA oder NEIN.

Ich beschreibe Ihnen kurz, wie dieser Muskeltest funktioniert:

Sie benötigen eine zweite Person, die mit Ihnen arbeitet. Sie strecken einen Arm zur Seite, so dass er im rechten Winkel zum Körper steht. Der Test besteht darin, dass die zweite Person nun versucht Ihren Arm am Handgelenk herunter zu drücken. Wichtig: es geht hier nicht um einen Wettkampf, in dem Sie den Arm um jeden Preis oben halten müssen, um zu gewinnen. Mit dieser Einstellung würden Sie nur verlieren. Es geht darum, Ihnen etwas zu zeigen. Dazu braucht es einige justierende Fragen und Versuche, die jeweils NUR mit JA oder NEIN zu beantworten sind. Sie finden dabei heraus, wie stark Ihre körperlichen Reaktionen sind. Wichtig ist es auch, den Blick auf den Boden zu richten und dort einen Punkt zu fixieren. Der gesenkte Blick fördert die Konzentration; der Blick nach oben fördert die Kreativität. Suchen Sie sich also am Boden einen Fixpunkt und starten mit den Fragen.

Zum Beispiel können solche Fragen sein:

Dein Name ist … (einmal der richtige Name, dann ein falscher)

Dein Alter ist … (einmal das richtige Alter, dann ein falsches)

Heute ist dieser Tag oder jener

Ja!

Nein!

Nach jeder Aussage werden Sie aufgefordert, den Arm gegen den Druck, den Ihr Partner auf ihn ausübt, oben zu halten und dieser drückt ihn mit einer konstanten Kraft herunter. Bei positiven Aussagen wird es Ihnen leichtfallen, den Arm oben zu halten. Bei den negativen oder falschen Aussagen wird es für Sie deutlich schwerer sein, den Arm oben zu halten oder er fällt fast zu Boden.

Und nun können Sie irgendeine Person in Gedanken kritisieren und loben und schauen sich das Ergebnis des Muskeltestes an. Auf Ihr Zeichen wird Ihr Partner „Halten" sagen und versuchen Ihren Arm herunter zu drücken.

Ich bin gespannt, wie Sie mit dem Ergebnis umgehen werden. Sollten Sie keinen Freund finden, der mit Ihnen so arbeiten will, gibt es genügend Profis, die Ihnen da helfen werden.

Jeder spielt eine Rolle

Jetzt gehen wir auf die Muster und Gewohnheiten ein, die andere an Ihnen stören oder diese zur Weißglut bringen.

Vielleicht gibt es Muster, die sich nur bei einigen Personen zeigen. Zum Beispiel haben Sie Ihren Eltern gegenüber in bestimmten Situationen andere Verhaltens- oder auch Reaktionsmuster als bei Ihren Arbeitskollegen, obwohl die Situationen fast identisch sind.

Woran liegt das?

Dafür gilt dieser Satz: Jeder spielt die Rolle im Leben des Anderen, die dieser im zudenkt.

Das bedeutet folgendes. Wir leben in einem Universum, in dem jedes Ding und besonders jedes Lebewesen ständig Energie aussendet. Diese Energie sorgt dafür, dass uns die Situation begegnet, in der uns durch andere Menschen gezeigt wird, wo wir noch heilen oder ganz werden sollen und Potential zur Weiterentwicklung haben.

Dies geschieht im besonderen Maß bei unseren Eltern und bei unserem Partner. Kinder spiegeln ihre Eltern auf höchstem Niveau. Nun ist es die Herausforderung für die Eltern, bei einem angeblichen Fehlverhalten ihrer Kinder diese nicht gleich zu bestrafen, sondern hinzuschauen, ruhig zu bleiben und zu überlegen, was ihnen das Verhalten des Kindes zeigt. Denn Wutausbrüche zeigen ihren Kindern nur, dass es in Ordnung ist, zu schreien, um seiner Meinung Kraft zu geben. Seien wir ehrlich. Wut ist oft Hilflosigkeit oder durch Angst hervorgerufen. Wollen Sie Kinder dazu bringen, nicht hilflos zu sein, reden Sie mit Ihnen, erklären Sie, was eine Situation für Sie gerade bedeutet.

Dieser Satz,

„Jeder spielt die Rolle im Leben des Anderen, die dieser im zudenkt,"

hat noch eine andere, viel größere Tragweite in sich. Es ist durchaus positiv, wenn uns durch andere Menschen gezeigt wird, wo unser Wachstumspotential liegt. Es braucht halt immer einen zweiten Menschen dazu, um eine Information zu übermitteln, die wir sonst nicht wahrnehmen könnten. Den einen, der etwas lernen will oder könnte und den andern, der Ihm die Möglichkeit bietet, dies zu lernen. Das ist das Gesetz der Resonanz. Sie sind also nicht der Depp, wenn andere sich über Sie aufregen, Sie hintergehen, Ihnen nicht vertrauen usw. Sie sind in diesem Moment der Lehrer, der Schüler oder einfach der Spiegel. Das verändert die Sicht auf das, was in solchen Augenblicken geschieht enorm, wenn auch oft erst im Nachhinein. Auf der einen Seite, wenn Sie sich über eine Person aufregen, sind Sie der Schüler, dem eine Facette aus seinem Leben gezeigt wird, die er heilen oder ins Gleichgewicht bringen kann. Das Ganze ist nicht zu verwechseln mit dem Lehrer-Schüler Dilemma aus der Schulzeit, in der es Machtverhältnisse gab und noch gibt, die nicht zum Vorteil der Schüler sind. Hier ist es ein nicht erkannter Wunsch nach Wachstum, der diese Situationen immer wieder aufs Neue erschafft. Unbewusst sind Ihnen also alle hinderlichen Muster bekannt, die es Ihnen verwehren, zum Beispiel in Fülle zu leben. Doch um diese zu verändern, müssen die zunächst erkannt und damit bewusstgemacht werden. Das geschieht in diesen Begegnungen, über die Sie vielleicht am Abend lästern.

Sie sehen, dass Ihnen in solchen Situationen Chancen geboten werden und nicht einfach nur Ärger.

Auf der anderen Seite werden Sie zum „Lehrer", wenn sich andere über Sie aufregen. Nun sind Sie der Spiegel. Für Sie ist es nun die Herausforderung, ruhig zu bleiben, während Sie der andere vielleicht verbal angreift.

Sie erinnern sich noch an den Anfang des Buches, an der Stelle, an der ich über Politik und Politiker sprach? Dann bitte ich Sie, jetzt noch einmal auf diesen als Beispiel dienenden Aspekt zu schauen. Denn auch Politiker bedienen die Rolle, die Sie und die Menschen dieses Landes Ihnen als Volk zudenken. Wollen wir die Politik ändern und damit zuerst die Politiker, wird uns als Volk auf Dauer nichts Anderes übrigbleiben, als unsere Ansichten über diese Menschen zu ändern.

Solange Sie als Eltern ein bestimmtes Bild von Ihren Kindern haben, werden also Ihre Kinder dieses Bild erfüllen.

Solange Sie ein bestimmtes Bild von Ihrem oder einem Chef oder ein bestimmtes Glaubensmuster darüber haben, wie sich ein Vorgesetzter Ihnen gegenüber verhält, wird er dieses Bild erfüllen; und zwar jeder Chef oder Vorgesetzte: alt und neu. Denn Sie spielen immer noch im selben Stück, nur die Bühne hat sich verändert.

Diese Einsicht können Sie auf alles anwenden, was Ihnen einfällt. Schauen Sie sich die Reaktionen anderer auf Ihr Verhalten an und auch Ihre Reaktionen auf das Verhalten anderer Menschen, und Sie werden eine Menge Einsichten bekommen und erleben.

Die Videothek

Als ich vor gut 10 Jahren auf einem Seminar war und dort meine Ausbildung in der Heilarbeit absolvierte, ging es natürlich auch um das Unterbewusstsein und wie es uns steuert. Dort bekam ich einen Vergleich geboten, der mir oft und gut geholfen hat, wenn es um Reaktionen ging, die ich bis dahin zwar schon registrieren, aber eben nicht stoppen konnte. Daher will ich Ihnen diese einfache Methode kurz vorstellen. Sie hilft vor allem dabei, aus der Passivität in die Handlungsvollmacht zu kommen.

Stellen Sie sich die Wirkungsweise Ihres Unterbewusstseins so vor. Es gibt Situationen im Leben, in denen es darum geht, schnell zu reagieren. Eine schnelle Reaktion bekommen Sie, wenn Sie etwas lange Zeit üben oder trainieren. Da, wo es auf Reflexe ankommt, ist das Unterbewusstsein jedoch schneller, als jede geübte Verhaltensweise. Unser Unbewusstes will uns auch vor Situationen oder in Situationen schützen, von denen es annimmt, dass wir diese nicht erleben oder so erleben wollen. Also gibt es ein breites Spektrum oder einen Katalog an Handlungsmaßnahmen für bestimmte Situationen, die es für passende Augenblicke bereithält. Kommen Sie in eine Situation, setzen die Reaktionen automatisch ein. Sie fühlen sich dann wie ferngesteuert. Haben sich die Umstände aufgelöst, kann es sein, dass Sie sich für Ihr Verhalten entschuldigen dürfen, weil Ihr Unterbewusstsein die Kontrolle übernommen hatte.

Wie also können Sie sich handlungsfähig machen und halten?

Stellen Sie sich Ihr Unterbewusstsein wie eine große Videothek vor. Die Filme sind unsere Reaktions- oder Verhaltensmuster. Sie sind ordentlich sortiert nach Themen. Zum Beispiel gibt es die Themenbereiche Lernblockade, Versagensangst, Beziehungsangst, Angst vor...

Immer, wenn eine Angstsituation eintritt, ist es so als ginge der Filmvorführer in die Regale und sieht nach, bei welchem Thema welcher Film, also welches Reaktionsmuster am besten passt. Er nimmt den Film und legt Ihn ein und schon reagieren wir automatisch oder laufen wie auf Schienen.

Hierzu erzähle ich Ihnen eine kurze Geschichte, die Ihnen zeigt, wie Sie mit der Videothek umgehen können. Es ist ein eigenes Erlebnis.

Als ich meine Ausbildung zum Mental-Coach durchlief, musste natürlich der Tag kommen, an dem die Prüfung absolviert werden musste. Wir bekamen einen Klienten und sollten mit Ihm eine bestimmte Methode durchgehen, die aus zwei Teilen besteht. Als ich an die Reihe kam, war ich erstaunlich gelassen und dieser erste Teil lief für mich, gefühlt, hervorragend. So war auch das Feedback unseres Lehrers. Dann kam der Satz, der mich fast aus der Bahn geworfen hat.

„Na, wenn der erste Teil so gut lief, dann muss der zweite Teil ja in die Hose gehen!"

Da war es um mich geschehen, die ganze Pause über war ich in der immer größer werdenden Angst gefangen, dass ich den zweiten Teil verpatzen könnte. Die Pause war vorüber und es ging los. Ich saß da und war die ersten Minuten nicht mehr ich selbst. Ich hatte den Faden verloren und stocherte wild herum.

Dann kam der Augenblick, in dem ich an die Videothek dachte und den Filmvorführer. Er hatte den Film ja bereits eingelegt und mir wurde bewusst, die Vorführung ist in vollem Gange. In diesem Moment ist mir klargeworden, ich benötige einen Neustart. Innerlich befahl ich dem Filmvorführer diesen Angstfilm zu entfernen und stattdessen wieder den Film aus dem ersten Teil einzulegen. Ich stellte es mir in diesem Augenblick vor meinem inneren Auge vor, wie der Vorführer den Film tauschte und bemerkte, dass ich direkt ruhiger wurde. Der eine Angstfilm landete wieder im Regal. Das zeigte sich dann auch im Feedback des zweiten Teils. Ich habe die Prüfung sehr erfolgreich absolviert.

Wie Sie an diesem Beispiel sehen, ist es wichtig, dass es Ihnen bewusstwird, was in Ihnen geschieht. In dem Moment, wo Sie registrieren, dass Sie im Modus des Autopiloten fliegen, haben Sie die Möglichkeit, diesen abzuschalten und wieder manuell zu fliegen oder bewusst zu agieren. Ob Sie dabei in Ihrer Vorstellung mit der Videothek arbeiten oder eine eigene Kreation entwickeln, die Ihnen näherliegt, überlasse ich Ihnen.

Denn:

Zwischen Reiz und Reaktion liegt die eigene Entscheidung.

Es bedeutet: Wenn ich spüre, dass ich auf einen Reiz intuitiv reagieren will, dann hilft es einfach einmal kurz inne zu halten und bis 10 zu zählen. In dem Moment kann ich mir meiner Muster bewusstwerden und diese ändern, und damit verändere ich auch meine Reaktion.

Das innere Theater

Das innere Theater ist eine der vielen Möglichkeiten sich neue Verhaltensweisen anzueignen. Im Prinzip ist es die gleiche Methode, mit der Spitzensportler Ihre Bewegungsabläufe verfeinern. Das damit erfolgreich trainiert werden kann, liegt an unserem Unterbewusstsein. Es ist Ihm egal, ob Sie etwas in Ihrer Vorstellung erleben oder im „richtigen" Leben tun. Denn Erfolge werden dort erzielt, wo unsere Aufmerksamkeit die Energie hinlenkt. Wie funktioniert diese Technik?

Im Grunde ist es recht einfach. Sie arbeiten mit Ihrer Vorstellungskraft. Es ist so ähnlich, als würden Sie in der Sonne liegen und vor sich hinträumen. Das Tagträumen ist ein zufälliges und unkontrolliertes Geschehen. Beim inneren Theater schaffen Sie sich bewusst eine Szene, einen kleinen Theaterakt. Sie sind der Regisseur und geben die Anweisungen, was wie zu geschehen hat und wer welche Worte spricht. Hierzu möchte ich Sie zu einer Übung einladen.

Übung 7: Zufälliges Tagträumen

Damit diese Übung einen Anstoß bekommt, bitte ich Sie sich einen Sandstrand vorzustellen oder einen Ort an dem Sie gerne sind. Nur nicht genau den Ort, den Sie bereits kennen und wo Sie gerne sind. Einen ähnlichen Ort, der aber noch besser in Ihr Bild von Geborgenheit und Wohlfühlen passt.

Setzen Sie sich bequem hin, nehmen Sie sich ein paar Minuten Zeit und folgen Sie mit der Aufmerksamkeit Ihrem Atem. Geben Sie, wenn Sie das Gefühl haben, dass es so weit ist, innerlich den Anstoß, diesen Ort vor Ihrem inneren Auge oder auf Ihrer inneren Leinwand entstehen zu lassen. Betrachten Sie ihn. Was gibt es dort? Wie sieht es aus? Gibt es andere Menschen? Stehen dort Gebäude oder ist es reine Natur?

Wie war es für Sie? Konnten Sie den Ausflug genießen? Das, was Sie wahrgenommen haben, waren bis auf den Anstoß, was es sein soll, ein zufälliges zu Stande kommen von Bildern. Vielleicht konnten Sie sich in Ihrem Szenario sogar bewegen und umsehen.

Dann will ich mit Ihnen nun einen Schritt weitergehen.

Übung 8: Bewusstes Tagträumen

Sie machen es genauso wie in Übung 7. Der Unterschied besteht nun darin, dass Sie sich bewusst darin bewegen. Vielleicht wollen Sie schwimmen und tauchen gehen. Sind Sie am Meer und gehen dort tauchen, lassen Sie die Meeresbewohner auf der inneren Leinwand erscheinen, die Sie sehen wollen. Eventuell haben Sie einen Tauchpartner an Ihrer Seite. Wer soll es sein?

Sind Sie an einem anderen Ort gewesen, lassen Sie einen See erscheinen oder einen Meerespool im Hotel oder was Sie wollen und mit wem Sie wollen. Ich bleibe bei dem Spiel im Meer.

Bitten Sie die Meeresbewohner näher zu kommen und friedlich zu sein. Spielen Sie mit Ihnen, lassen Sie sich tragen oder ziehen; aber bitte, lenken Sie bewusst das Geschehen.

Und nun bitte ich Sie, diese beiden Übungen mit einander zu vergleichen. Folgende Fragen sind hierbei wichtig:

Welches Erlebnis war intensiver für Sie?

Welches Erlebnis hat die stärkeren Gefühle ausgelöst?

Ich denke, falls Sie so reagieren, wie ich es tue, ist das zweite Erlebnis das stärkere gewesen.

Woran liegt das?

Der erste Grund ist: Sie haben es erschaffen. Es ist Ihre Welt gewesen. Sie waren als Schöpfer tätig. So etwas zu tun, ist immer mit einem guten und starken Gefühl verbunden.

Der zweite Grund ist: Sie waren mitten drin. Beim zufälligen Tagträumen geschieht etwas. Sie betrachten es, sind aber nicht wirklich dabei und damit verbunden. Im Fall des bewussten Erschaffens und dem Spielen mit den Meeresbewohnern, waren Sie Teil des Geschehens. Sie waren dabei und nicht einfach nur Betrachter. Die empfundene Freude am Spiel war echt und deutlich zu spüren. Es ist immer spannender mit im Spiel gewesen zu sein, als nur von außen zuzuschauen.

Doch gibt es hier immer noch einen großen Anteil an Zufälligkeiten. Sie wünschten sich einen Delfin zum Spielen, eine Schildkröte oder einen Wal, die Sie durch das Meer ziehen sollen. Doch das genaue Aussehen und die Farbenpracht, hatten Sie sich nicht bewusst bestellt. Erinnern Sie sich bitte noch einmal an die Tiere und führen Sie sich Ihr Aussehen und Ihre Größe vor Augen. Das war „Zufall". Je genauer Ihre Anweisungen werden, umso spannender wird es für Sie.

Kommen wir nun zu dem Punkt, wo Ihnen diese Übung hilft, Verhaltensmuster zu ändern.

Es gibt bestimmt Themen in Ihren Beziehungen, egal ob zu Eltern, Geschwistern, Kindern, Partnern oder Berufskollegen, die immer wieder eskalieren. Vielleicht geht es um Geld, um Erziehung, um Arbeitsmethoden, um alte Verletzungen, die dazu führen, dass es zu Streitigkeiten kommt. Eventuell sind Sie ja an dem Punkt, dass Sie dieses Problem endgültig lösen wollen. Daher lade ich Sie zu einem Experiment ein, in dem Sie das bewusste Verändern von Tagträumen aus Übung 8, jetzt mit einer Situation kombinieren, die Sie tatsächlich durchlebt haben.

Diese Übung ist dann besonders geeignet, wenn Sie zu der Person keinen Kontakt mehr aufnehmen können, weil Sie verzogen oder verstorben ist. Um die Wirksamkeit dieser Übung unter Beweis zu stellen, ist es sinnvoll, eine Klärung mit einem Menschen herbeizuführen, mit dem Sie noch in Kontakt stehen.

Wie auch immer die Situation aussieht und wer auch immer der Mensch ist, mit dem Sie sich in einer Meinungsverschiedenheit befinden oder aus diesen Gründen immer wieder mit ihm streiten, ist egal. Wichtig ist jetzt, Sie wollen eine Veränderung oder eine Lösung.

Daher bitte ich Sie dieses Experiment zuerst einfach ohne Vorurteile mitzumachen. Im Anschluss folgt die Erklärung für das Vorgehen.

Experiment

Das Experiment läuft wie folgt ab.

Bitte lesen Sie sich zuerst einmal das Vorgehen in diesem Experiment durch, bevor Sie damit starten.

Es benötigt für den einen oder anderen vielleicht etwas mehr Übung, um sich in diese Übung fallen zu lassen.

Im ersten Schritt wählen Sie bewusst die Person und den Konflikt aus, den Sie immer wieder austragen. Sehen Sie zu, dass Sie Ruhe haben und sorgen Sie dafür, dass Sie ungestört sind. Kein Telefon, Radio oder Fernseher bitte. Sprechen Sie sich mit Ihrem Partner oder der Familie ab. Im Anschluss nehmen Sie sich einige Minuten Zeit. Vielleicht reichen Ihnen 15 Minuten oder aber Sie planen 30 Minuten ein, um nicht zeitlich unter Druck zu kommen.

Sie folgen mit der Aufmerksamkeit Ihrem Atem, bis Sie die Entspannung deutlich wahrnehmen. Dann rufen Sie sich die Situation und die damit verbundene Person auf Ihren inneren Bildschirm. Sie kennen den Ablauf. Also lassen Sie es laufen. Lassen Sie es soweit kommen, dass die Eskalation entsteht.

In dieser Eskalation beginnen Sie den Ablauf zu verändern. Lassen Sie sich in der Eskalation bewusstwerden, dass Sie den Film ändern können und es jetzt tun. Sie brechen bewusst den Streit ab und nehmen zum Beispiel Ihr Gegenüber in die Arme und entschuldigen sich bei ihm oder Ihr Gegenüber entschuldigt sich bei Ihnen. Malen Sie es sich aus, wie Ihr Gegenüber reagiert, fühlen Sie es, wie Sie den anderen an sich drücken. Sie können auch beginnen darüber zu lachen oder Ihn zum Essen einladen. Egal, was Sie tun, es muss für Sie stimmig sein und wird sich wahrscheinlich intuitiv ergeben. Fühlen Sie Ihre Handlungen körperlich, tauchen Sie ganz ein. Nun haben Sie die Situation verändert.

Jetzt sagen Sie Ihm folgende Worte:

„Ich verzeihe Dir. Es tut mir leid. Ich liebe Dich. Danke."

Und dann sagen Sie die gleichen Worte zu sich.

„Ich verzeihe mir. Es tut mir leid. Ich liebe mich. Danke."

Und zum Schluss lassen Sie Ihr Gegenüber die gleichen Worte zu Ihnen sagen.

Die Wirkung dieses inneren Dialoges können Sie erhöhen, indem Sie die Worte laut aussprechen und mehrfach wiederholen.

Wie entwickelt sich Ihr inneres Theater weiter? Lassen Sie nun Ihr Gegenüber die gleichen Sätze mehrfach sagen und spüren Sie dabei in sich hinein. Was passiert in Ihnen oder mit Ihnen? Spüren Sie eine Veränderung?

Anschließend lösen Sie dieses Szenario auf, so wie Sie es für richtig halten und vor allem friedlich.

Noch einen Satz zu dem Erspüren der Veränderung. Ich wiederhole diese Sätze solange, bis ich in meinem Inneren eine Veränderung bemerke. Für mich ist es tatsächlich deutlich spürbar, wenn sich eine solche Situation ins Positive kehrt beziehungsweise aufgelöst ist. Es ist dann so, als würde in meinem Inneren ein Schalter betätigt und ich werde ruhiger und friedlicher.

Spannend wird es jetzt bei der nächsten Begegnung mit dieser Person.

Warum sind diese Sätze so wichtig? Da sind wir wieder beim Gesetz der Resonanz. Sie erinnern sich? Sie sind nicht Opfer der Umstände, Sie erschaffen sich die Umstände. Indem Sie sich und Ihrem Gegenüber vergeben, erkennen Sie das Geschehene als geschehen an und bekämpfen es nicht mehr oder schieben es nicht weiterhin zur Seite. Kampf erzeugt Spannung und Widerstand. Tragen Sie diese Spannungen in Ihrem Körper mit sich herum, sind Sie nicht frei und legen den Grundstein für zum Beispiel Krankheit. Das beiderseitige Verzeihen löst das, was passiert ist und die damit verbundenen Verstrickungen und Verspannungen im Körper auf. Damit sind sowohl Sie als auch Ihr Partner auf dem inneren Theater jetzt frei, neue und andere Erfahrungen zu machen.

Vielleicht erinnern Sie sich noch an den Satz: „Jeder spielt die Rolle im Leben des anderen, die dieser ihm zudenkt." Das gilt auch hier.

Mein Vorschlag ist es, dass Sie dieses Experiment gleich mit mehreren Personen durchführen und sei es einfach zu Übungszwecken. Vielleicht gibt es noch ungelöste Zwistigkeiten in Ihnen mit Eltern, Lehrern, alten Arbeitgebern usw.

Mit ein wenig Übung wird Ihnen diese Übung immer schneller gelingen und die Resultate sind rasch sichtbar.

Gesundheit erlangen

Krankheiten, Schmerzen und all die lästigen, schlimmen und schwersten Leiden sind ein Warnsystem, das Sie in sich selbst erzeugt haben und welches Ihnen zeigt, das Etwas mit Ihnen nicht in Ordnung ist. Vielleicht schreit jetzt der eine oder andere Leser auf und ruft „Ich habe mir diese Krankheit doch nicht ausgesucht!" Ich bitte Sie, trotz Ihrer Meinung, die eine andere als meine sein kann, erst einmal weiter zu lesen. Im Grunde wissen wir Vieles über die Entstehung von Krankheiten und können noch mehr im Internet in Erfahrung bringen. Um Gesundheit zu erlangen, müssen wir manchmal einfach verstehen, was uns die Krankheit sagen will.

Krankheiten haben unterschiedliche Ursachen; zum Beispiel kann unsere Ernährung eine Rolle spielen. So ist inzwischen nachgewiesen, dass Fleisch nicht der Hauptbestandteil unserer Nahrung sein muss, sondern dass wir gesünder leben, wenn wir auf den Verzehr von Fleisch verzichten. Allerdings ist das ein großes Diskussionsthema. Doch einige Fakten gibt es einfach.

Jedes Jahr sterben 70 Billionen Tiere, noch einmal 70.000.000.000.000 Tiere, um unsere Kühlschränke mit Wurst und Fleisch zu füllen. Diese Tiere leben nicht friedlich und glücklich, bekommen nichts Vernünftiges zu fressen und sterben nicht friedlich. Da es bekannt ist, dass vieles in unseren Körpern an- und ablagert wird, was wir nicht vertragen, ist der logische Schluss nicht fern, dass es bei Tieren genauso ist. Sie lagern Medikamentenrückstände ebenso im Körper an wie auch Stress-Symptome, so wie wir es tun. Wir essen also das, was uns krankmacht und unseren Körper übersäuert.

Welches Tier würde so handeln?

Oder:

Welches Tier trinkt noch Milch, nachdem es abgestillt wurde? Keines!

Zusätzlich benötigen die Menschen für diese Massentierhaltung, sehr viel Platz und Wasser. Unmengen an Fäkalien gelangen dadurch ins Grundwasser und kommen so wieder in unseren Körper, falls Sie keinen Wasserfilter nutzen. Wie gesagt, 70 Billionen Tiere benötigen Wasser, Platz, Medikamente und einen Platz für die Entsorgung Ihrer Fäkalien und vor allem Futter. Es braucht 16kg Getreide und 20.000 Liter Wasser, um **EIN** Kilogramm Rindfleisch herzustellen. Ein Rind wiegt rund eine Tonne im Durchschnitt. Kühe wiegen etwas weniger, Ochsen etwas mehr. Gehen wir von einer Tonne Gewicht aus, benötigt man also 16.000 Kilogramm Getreide und 20.000.000 Liter Wasser für **EIN** Rind.

Wie viele Menschen könnten davon satt werden?

Ich habe mir noch gar keine Vorstellung gemacht, wie lange ich mit 16.000kg Getreide und 20.000.000 Liter Wasser auskommen würde.

Zahlen dazu finden Sie im Internet. Bitte denken Sie darüber nach, was der Mensch da tut und welche Folgen das für Tier, Mensch und die Natur hat.

Es gibt eine Reihe von Studien, die in Büchern über Ernährung zu finden sind, welche uns aufzeigen, wie eng unsere Gesundheit mit unserer Ernährung verknüpft ist.

Doch trotz all dieser bekannten Informationen schließen die Verbraucher die Augen und essen sich krank. Was heißt das? Das bedeutet, dass Sie die Konsequenzen Ihres Handelns kennen und sich doch dafür entscheiden, industriell gefertigtes Fleisch zu kaufen, zu essen **und** krank zu werden. Mit all diesen Informationen ist das so, als würden Sie immer wieder auf eine heiße Herdplatte fassen und sich die Finger verbrennen, obwohl Sie aus Erfahrung wissen, dass es schmerzhaft ist.

Hier neigen wir alle dazu, einen solchen Menschen als Dummkopf zu bezeichnen. Wir würden herzhaft über ihn lachen und sagen: „Wenn er so blöd ist, hat er es nicht besser verdient!"

Sagen Sie das auch über sich, wenn Sie Fleisch essen? Nein, wahrscheinlich nicht.

So ergeht es uns auch in anderen Bereichen. Stress ist eine solche krankmachende Begleiterscheinung in vielen Arbeitsbereichen. Stress ist hierbei eine auf Angst basierende Reaktion unseres Körpers auf äußere Umstände. Im Grunde ist es eine Jahrtausende alte Überlebensreaktion unseres Körpers. Waren wir auf der Jagd, konnten wir in Situationen kommen, in denen es gefährlich war. Es ging dann auch darum, sind wir das Frühstück oder erlegen wir unser Frühstück. In solchen Momenten ging es um Kampf oder Flucht. Hierfür hat die Natur uns den Stressmoment gegeben. Damit wir überleben. Im Körper laufen in Sekunden viele Reaktionen ab. Zum Beispiel:

- Der Blutdruck geht in die Höhe
- Das Blut wird bis zu 15 Mal dicker
- Die Adern verengen sich
- Der Puls beginnt zu rasen
- Die Muskeln verkrampfen sich
- Die Fortpflanzungsorgane arbeiten vermindert
- Die Verdauungsorgane werden geringer durchblutet usw.

Dies sind nur einige Reaktionen und manche können Sie an sich selber beobachten.

Hier ist es wie mit dem Fleischkonsum. Sie wissen, dass Stress ungesund ist und dennoch setzen Sie sich Ihm immer wieder aus; egal ob im Beruf, beim Autofahren oder auch in Beziehungen. Also ist die logische Konsequenz, dass der Körper oder auch der Geist, die Psyche reagieren muss.

Das oberste Prinzip unseres Körpers ist Gesundheit. Schneiden wir uns, verheilt die Wunde. Brechen wir uns einen Knochen, sorgt die Medizin für eine Umgebung, in der die Knochenenden wieder zusammenwachsen. Nicht die Medizin oder die Ärzte heilen den Menschen, der Körper heilt sich selbst. Eine Erkältung überwindet der Körper ebenfalls allein.

Bleibt die Frage: Warum werden wir krank?

Spannungen im Körper führen zu Verspannungen. Spannungen im Geist führen zu solchen Krankheitsbildern wie Burnout, Depression, Phobien usw. Diese Spannungen entstehen dadurch, dass die Menschen Dinge tun, die Sie eigentlich gar nicht tun wollen. Viele gehen zu ihrer Arbeit und würden am liebsten etwas ganz Anderes machen; Malen, mit Holz arbeiten, Bauen, Dichten und viele andere Dinge. Gäbe es heute die Möglichkeit bei gleichem Lebensstandard, in den beruflichen Zweig zu wechseln, an dem das Herz hängt, würde die Welt und die Wirtschaft Kopf stehen. Stattdessen bemühen sich die meisten, ihren Job so gut wie möglich zu erfüllen. Dabei steht manch einer so unter Erfolgsdruck, dass er sich keine Pausen gönnt, Überstunden anhäuft und diese nicht abfeiert und dafür enorme Abstriche in seinem privaten Umfeld in Kauf nimmt.

Doch wir wissen, dass der Körper nur beschränkt verbogen oder überdehnt werden kann, bevor er zerbricht. Letzten Endes ist es egal ob wir durch Trauer, Stress, Wut oder andere von außen kommenden Zwänge an die Grenzen kommen. Bevor der Körper nicht mehr mitmacht, sendet er Signale. Einmal sind es Verspannungen im Schulterbereich, ein anderes Mal sind es Rückenschmerzen, dann können Magenprobleme auftreten, dann mag der Bandscheibenvorfall kommen oder auch der Krebs. Leider haben viele Menschen verlernt auf die Zeichen des Körpers zu achten und vor allem, auf diese zu reagieren, also dem entsprechend zu handeln.

Wem es daher gelingt, die Botschaften der Krankheiten zu verstehen, der kann wieder gesundwerden.

Es gibt noch einen weiteren Aspekt, der mit Krankheit zu tun hat. Eine Seele plant ihr Leben und die damit verbundenen Erfahrungen, die sie für ihr Wachstum oder besser für ihre Entwicklung benötigt. So ist es durchaus wahrscheinlich, dass die Seelen sich auch Krankheiten aussuchen, die Ihnen Erfahrungen vermitteln, welche wiederum für ihre Entwicklung notwendig sind. Selbst, wenn diese Krankheiten dazu führen, dass sie aus dieser Existenz scheiden.

Wissen aus der Krankheit

Es gibt zwei Wege an die Informationen hinter den Krankheiten kommen:
- Mit dem Verstand
- Mit der Intuition

Falls Sie zu den Verstandesmenschen gehören, ist die Verstandes-Methode wahrscheinlich die geeignete für Sie. Hier können Sie ganz analytisch an das Thema herangehen.

Stellen Sie sich einfach folgende Fragen:

Wozu zwingt mich die Krankheit?

Was kann ich deswegen nicht mehr tun?

Was will die Krankheit bewirken?

Welches Organ ist betroffen?

Welche Funktion hat dieses Organ?

Welches Geschenk oder welche Information steckt hinter der Krankheit?

Was habe ich vernachlässigt, damit es so weit kommen konnte?

Gibt es etwas, das ich vermisse oder das mir fehlt?

Versuchen Sie die Symbolik der Krankheit zu erkennen.

Unser Körper und unsere Umwelt sind das Abbild unseres bewussten und unbewussten Innenlebens. Sind wir im Innersten nicht im Gleichgewicht, können es unsere Umwelt und unser Körper auch nicht sein.

Der intuitive Weg ist am besten wieder in Form einer Übung zu erklären. Vielleicht benötigen Sie mehrere Anläufe, um zu Antworten zu kommen. Das Vorgehen ist so einfach und benötigt doch einen freien oder leeren Kopf. Eventuell ist **erwartungsfrei** die bessere Beschreibung der Einstellung, die in diesem Fall hilfreich ist. Eine gute Methode den Kopf in der nun folgenden Übung frei zu bekommen, ist es während der Übung mit diesem Satz zu arbeiten, den mir einmal ein Yogalehrer mit auf den Weg gab: „Jetzt bin ich einmal gespannt, was ich für Informationen gezeigt bekomme!"

In dem Moment ist der Verstand auf Standby geschaltet und erwartet gespannt, was da kommt. So geben Sie Ihrem Unterbewusstsein die Chance, ein paar Antworten im Kopf aufsteigen zu lassen.

Diese Antworten können in Form von Bildern kommen, als gesprochene oder gefühlte Information, also als intuitives Wissen.

Übung 9: Hilfe aus der Krankheit

Nehmen Sie sich wieder einige Minuten Zeit und folgen Sie Ihrem Atem. Um tiefer in die Entspannung zu kommen, stellen Sie sich vor, wie Sie auf den Grund eines Sees sinken oder etwas, das Ihnen zusagt. Sie können dabei die Sonnenstrahlen sehen, wie sie im Wasser verlaufen. Sie liegen sanft und ruhig auf den Grund des Sees.

Nun stellen Sie sich die Frage:

Was willst Du Krankheit mir sagen?

Lassen Sie erst die Antworten auf diese Frage kommen, bevor Sie die nächste Frage stellen, sonst gibt es nur Durcheinander.

Was kann ich tun, damit die Gesundheit zurückkehrt?

Nach jeder Frage sagen Sie sich den Satz: „Jetzt bin ich einmal gespannt, was ich für Informationen gezeigt bekomme!" Dann warten Sie ob Bilder, Ideen oder Gefühle auftauchen. Egal, was da bei Ihnen auftaucht, all das sind Informationen Ihres Unterbewusstseins. Notieren Sie diese Antworten.

Sie können Ihren Fragenkatalog natürlich erweitern, falls Sie weitere Antworten benötigen.

Es gibt durchaus die Möglichkeit, dass Ihnen die eine oder andere Antwort nicht gefällt. Verwerfen Sie diese Antwort nicht gleich.

Zum Beispiel könnte ja eine Antwort sein: Trennen Sie sich von Ihrem Partner. Das kann schwer sein. Vor allem dann, wenn auch noch Kinder im Spiel sind. Ich bekam genau diese Antwort als es mir nicht gut ging. Die Antwort hat mich auch nicht überrascht und dennoch habe ich noch über ein Jahr gebraucht, mich aus der Beziehung zu lösen. Rückblickend blieb mir nichts Anderes übrig, als anzuerkennen, dass die Antwort korrekt war und ich mir einige unangenehme Monate hätte sparen können. Selbst die Kinder, obwohl am Anfang traurig, lernten dann einen viel entspannteren Vater kennen.

Das Gleiche könnte ja auch mit Ihrer Arbeitsstelle geschehen. Ihr Unterbewusstsein rät Ihnen, sich eine neue Stelle oder Arbeit zu suchen. Sie lieben vielleicht jetzt das, was Sie tun und wollen einen neuen Chef oder neue Kollegen. Die Liebe zur Arbeit hält Sie fest.

Meine Erfahrung in solchen Fällen ist, dass in dem Moment, in dem ich bereit bin loszulassen, sich plötzlich neue Türen öffnen. Was uns in den alten Mustern festhält, egal ob in einer Partnerschaft, an einem Arbeitsplatz oder in sonst etwas, ist die Angst vor dem Ungewissen. Was erwartet mich, wenn ich hier weggehe?

Meine Antwort darauf ist: Meistens das Bessere.

Doch es bleibt Ihre Entscheidung, welchen Weg Sie gehen werden. Vergessen Sie bitte dabei nicht, es geht um Ihre Gesundheit. Das ist die Überschrift für dieses Kapitel. Ein krampfhaftes Festhalten an alten oder verlorenen Dingen und Beziehungen ist definitiv nicht der Gesundheit zuträglich.

Betrachten wir einfach die beiden Worte krampfhaft und festhalten.

Der Duden bietet für das Wort „krampfhaft" zwei Deutungen:
1.   In der Art eines Krampfes sich vollziehend, wie ein Krampf.
2.   Alle Kräfte aufbietend; verbissen.

Synonyme sind: bis zum Äußersten gehen, mit allen Mitteln, mit aller Kraft

Etwas festhalten, benötigt immer eine Kraft. Etwas krampfhaft festzuhalten, entzieht uns eine Menge Energie, die wir besser an anderer Stelle einsetzen könnten. Sie wenden Kraft auf, wenn Sie an einem Seil ziehen oder etwas aufheben usw. All das geht nur, wenn Sie es feste halten. Sonst würde es Ihnen durch die Finger gleiten.

Stellen Sie sich vor, Sie heben etwas hoch und müssen es nun festhalten, egal was kommt. Irgendwann sind Sie an dem Punkt, wo aus dem lockeren Festhalten ein verkrampftes Festhalten wird. Sie wissen, was dann kommt. Es wird immer unangenehmer und immer schwerer für Sie, es zu halten. Einige Zeit weiter, müssen Sie aufgeben oder Schaden nehmen. Bevor Sie Schaden nehmen gibt der Körper Ihnen Signale; erst kleinere dann klare Signale. In unserem täglichen Leben, sind es oft die Krankheiten. Ich kann es durchaus verstehen und nachvollziehen, dass Sie eine Situation nicht gleich verlassen wollen. Keiner mag sich eine Niederlage eingestehen oder dass er falsch gelegen hat.

An dieser Stelle biete ich Ihnen aus diesem Grund für beide Möglichkeiten Lösungen an. Beginnen wir mit der Möglichkeit, dass Sie bleiben wollen; in der Beziehung oder bei der alten Arbeitsstelle oder wo auch immer.

Ho´oponopono

Vielleicht kennen Sie dieses Ritual schon. Es kommt aus Hawaii und wurde dort seit alters her angewandt, um Konflikte aufzulösen. Für den Fall, dass es neu für Sie ist, beginne ich mit einer Geschichte, die sich auf Hawaii zugetragen hat.

Es ist die Geschichte von Dr. Len. Er arbeitete von 1983 bis 1987 im Auftrag des Hawaii State Hospital in Kaneohe. Dort heilte er in dieser Zeit 28 von 30 schwer psychisch kranken Patienten ohne diese jemals gesehen zu haben.

Ein ehemaliger Kollege hatte Dr. Len um Hilfe gebeten, in der psychiatrischen Abteilung des Gefängnisses in Kaneohe auszuhelfen. Diese Abteilung wurde als „Die Hölle" bezeichnet. Die Gefangenen wurden mit Handschellen und Psychopharmaka ruhiggestellt und doch gab es immer wieder Übergriffe. Das Wach- und Pflegepersonal war mehr krank als anwesend und egal wo der Blick hinfiel, zeigte sich, dass alle massiv überfordert waren. Jede Unterstützung war willkommen. So kam es, dass Dr. Len gebeten wurde, sich die Krankheitsakten anzusehen, was er in seinem Büro auch tat. Dort arbeitete er ganz in Stille mit einem Ritual, welches er kennen gelernt hatte: Ho´oponopono.

Dieses Ritual ist ein Reinigungs- und Vergebungsritual. So arbeitete er die Krankenakten durch und fragte sich bei jedem Patienten: „Was ist in mir, dass es so etwas in meiner Welt gibt? Was ist in mir, dass mein Bruder (Name des Patienten) so etwas tat? Was habe ich getan, dass mein Bruder das tat?"

Mit jeder dieser Fragen ging er in sich, befragte sein Herz. Jedes Mal, wenn er eine Resonanz mit der Krankheit oder dem Verhalten des Patienten spürte, sagte er: „Es tut mir leid. Ich verzeihe Dir. Ich liebe Dich. Danke!" Er erkannte alles Dunkle oder Hässliche in sich an und übergab dieses in einem weiteren Schritt dem Göttlichen. Er dankte für die Umwandlung und die Heilung. Dies tat er mehrere Stunden am Tag.

Nach einiger Zeit begann sich die Atmosphäre in der Klinik zu verändern; mehr und mehr. Die Angestellten kamen plötzlich wieder gerne zur Arbeit. Es wurden Gespräche mit den Patienten geführt, die jetzt endlich möglich waren. Nach acht Monaten gab es keine Handschellen mehr und nach dreieinhalb Jahren konnten insgesamt 28 von 30 Insassen aus der Psychiatrie entlassen werden. Wie gesagt: Dr. Len erklärte, er habe sich nur selbst gereinigt und keinen Kontakt mit den Patienten gehabt.

Vielleicht haben Sie erkannt, dass Dr. Len während dieser Arbeit ganz bei sich blieb. Er fragte: Was habe ich in mir...?" oder „Was habe ich getan, damit mein Bruder/meine Schwester in solch eine Situation kommen konnte?"

Genau das ist der Ansatz den das Gesetz der Resonanz nahe legt. Es geht nicht um Schuldzuweisung. Es geht darum, zu erkennen: „Was ist in mir, dass ich dieses oder jenes in meinem Leben erschaffe bzw. erschaffen habe?"

Um es noch einmal zu wiederholen: Wir sind nicht Opfer der Umstände, wir erschaffen uns diese Umstände!

Hier liegt auch die Lösung: Wenn ich also etwas Unangenehmes mir erschaffen habe, dann war es ein Erfolg. Das wiederum heißt auch, dass ich wieder erfolgreich eine neue Realität erschaffen kann.

Ist dem so, dann ist in uns eine Erinnerung oder ein Muster, dass uns dies im Außen zeigt. Also können wir uns eine bessere Welt erschaffen, wenn wir diese Muster auflösen, uns also reinigen.

Der erste Schritt in diese Richtung ist: Erkenne an, was ist.

Der zweite Schritt ist: Erkenne an, Du hast es erschaffen. Damit machen Sie sich zum Schöpfer und in dieser Position erlauben Sie sich, die Dinge auch verändern zu können.

Der dritte Schritt ist: Verzeihe Dir selbst.

Der vierte Schritt ist: Das Loslassen und das Danken für die Heilung. Danken Sie dem Universum, dass die Heilung geschehen darf. Danken Sie dafür, dass Sie sich erkannt haben und dass Sie das Alte nun loslassen können.

Das ist Ho´oponopono.

Das Umsetzen von Ho´oponopono

Gibt es in Ihrem Leben auch Situationen, die in solche Muster passen wie: zu wenig Geld, zu viel Streit mit dem Partner oder anderen Personen, zu viel Gewalt, zu viel Übergriffe auf Ihre Persönlichkeit, zu wenig Beachtung Ihrer Person von bestimmten anderen Personen. In all diesen Fällen können Sie das hawaiianische Ritual anwenden, um Veränderungen zu bewirken.

Nehmen Sie sich eine Situation vor, die Sie nervt, die vielleicht sogar festgefahren scheint oder eine Person, mit der Sie nicht zurechtkommen.

Übung 10: Vergebungsritual

Nehmen Sie sich wieder einige Minuten Zeit und folgen Sie Ihrem Atem. Um tiefer in die Entspannung zu kommen, stellen Sie sich vor, wie Sie auf den Grund eines Sees sinken. Dort ist es ruhig und angenehm. Sie können die Sonnenstrahlen sehen, die durch das

Wasser verlaufen. Sie liegen sanft und ruhig auf den Grund des Sees.

Nun stellen Sie sich die Frage:

Was habe ich in mir, dass ich mir diese Situation in meinem Leben erschaffen habe?

Lassen Sie erst die Antworten auf diese Frage kommen, bevor Sie die nächste Frage stellen, sonst kann es zu einem Durcheinander kommen.

Welches Gefühl verbinde ich mit dieser Situation?

Nach jeder Frage sagen Sie sich wieder den Satz: „Jetzt bin ich einmal gespannt, was ich für Informationen gezeigt bekomme!" Dann warten Sie ob Bilder, Ideen oder Gefühle auftauchen.

Im nächsten Schritt nehmen Sie die Situation und das damit verbundene Gefühl ohne Bewertung an. Nun sagen Sie sich folgende Sätze:

„Ich verzeihe mir, dass ich mir diese Situation erschaffen habe."

„Es tut mir leid!"

„Ich liebe mich!"

„Danke."

Wiederholen Sie diese Sätze so lange, bis Sie das Gefühl haben, es ist eine Veränderung eingetreten.

Zum Abschluss lassen Sie das Problem los. Es ist kontraproduktiv, wenn Sie nun beginnen, es noch einmal und noch einmal durchzukauen. Das gibt diesem Problem nur wieder die Energie, sich in Ihrem Leben erneut zu manifestieren. Das ist das Gesetz der Resonanz.

Sie können dieses Ritual durchführen, wenn Sie einen Streit hatten mit einem Ihnen nahestehenden Menschen oder mit Personen, auf die Sie im Supermarkt gestoßen sind.

Einige Beispiele:

Ich stand neulich an der Kasse eines Supermarktes und hatte genau ein Produkt in der Hand. Vor mir stand eine Frau mit vollen Einkaufswagen und ich dachte so bei mir: „Sie könnte mich eigentlich vorlassen. Das macht für Sie kaum einen Unterschied." Doch es geschah nichts. Ich spürte, wie ich zornig wurde, weil Sie mich nicht wahrnahm. Dann fiel mir ein, dass mir diese Situation auch nur etwas zeigen will.

Nun wiederholte ich zwei drei Mal die bekannten Sätze:

„Ich verzeihe mir, dass ich mir diese Situation erschaffen habe."

„Es tut mir leid!"

„Ich liebe mich!"

„Danke."

Und!?

Sie drehte sich herum und sprach mich an, ob ich nicht vor wollte. Ich bedankte mich bei ihr und beim Universum und ging vor.

Ich kenne eine Patchwork-Familie, die ein spannendes Erlebnis mit der Freundin eines Sohnes hatten. Der älteste Sohn hatte sich eine besondere Freundin gesucht, die allen einfach nur auf die Nerven ging. Diese Freundin äußerte ganz ungeniert, dass die Eltern des Sohnes in seiner Erziehung wohl versagt hätten. Sie und Ihre Mutter würden das jetzt geradebiegen. Das diese Äußerungen auf wenig Gegenliebe stießen, sondern dafür sorgten, dass in ihnen schon der Groll aufstieg, wenn Sie wussten, dass die beiden kommen wollten. Sie hatte sich zu oft, danebenbenommen und war gerade Mal 18 Jahre alt.

Wir treffen uns immer wieder in einem kleinen Kreis, um mit dem Ritual des Ho´oponopono uns und die Welt zu heilen. Bei so einem Treffen kam genau die Freundin ins Visier. Also machten wir eine Runde Ho´oponopono für dieses Mädchen und für uns. Damit sich das Ganze auch gut für alle anfühlte, war die nächste Runde dem Sohn gewidmet.

Das Ergebnis war, dass sich zwei Wochen später der Sohn bei seiner Mutter meldete und kundtat, sich von seiner Freundin getrennt zu haben. Seitdem ist er auch wieder öfter zu sehen und am Telefon zu hören. Eine nicht erwartete Wendung der Dinge.

Ein Freund, der ein Problem mit der Führung eines Vereins hatte, ging dieses zwischenmenschliche Problem ebenfalls mit diesem Ritual an. Eine Woche später hatte es sich von alleine aufgelöst.

So, jetzt haben Sie eine kleine Vorstellung, bei welchen Gelegenheiten Sie dieses alte Ritual aus Hawaii einsetzen können. Die Energie findet den richtigen Weg, um eine gute Lösung herbeizuführen. Das kann allerdings auch bedeuten, dass diese Lösung dann doch die Trennung von dem Partner oder der Arbeit beinhaltet. Der Unterschied ist, es geht dann im Allgemeinen einfacher und leichter, als wenn Sie das Ritual nicht vollzogen hätten. Vielleicht ist die neue Arbeitsstelle schon angeboten worden, die Trennung ist friedlich und der richtige Partner läuft Ihnen zwei Tage später über den Weg. Alles ist möglich! Lassen Sie sich überraschen.

Daher ist es durchaus möglich, dass aus dieser völlig verfahrenen Situation, das Glück Ihres Lebens erwächst. Sie bleiben mit Ihrem Partner glücklich bis zum Lebensende zusammen oder legen eine steile Karriere in Ihrer Firma hin.

Erwarten Sie auf der anderen Seite nicht zu viel. Es ist so, dass eine erfahrene Unterstützung Ihnen oft deutlich weiterhelfen kann, als das eigene Tun. Denn der Blick von außen auf das Geschehen ist unvoreingenommen und findet Lösungen, die Ihnen, aufgrund Ihrer Muster und Ihrer Gewohnheiten, nicht einfallen würden. Doch egal, wofür Sie sich entscheiden: fünf Mal getan, bringt mehr und ist besser, als 100 Mal gewollt. Also bleiben Sie dran. Es freut mich, wenn Sie Ihre eigene Entwicklung fördern.

Bei allem, was Sie tun, tun Sie es bitte mit Respekt und mit Liebe sich selbst und dem Anderen gegenüber.

Heilarbeit

Dies ist die zweite Möglichkeit, von der ich im vorletzten Kapitel sprach. Zu Beginn erzählte ich Ihnen, dass ich eine Ausbildung in der schamanischen Heilarbeit durchlief. Diese Heilarbeit ist für mich das sensationellste Werkzeug, das ich kennen und anwenden lernen durfte. Mit dieser Technik konnte ich schon vielen Menschen helfen. Angefangen bei Allergien auflösen, inklusive Gluten Unverträglichkeit, über finanzielle Probleme oder Probleme innerhalb der Familie sowie diverse Krankheitssymptome, bis hin zu beruflichen Veränderungen. Das Beste ist, die Heilarbeit funktioniert auch auf große Entfernungen, eben als Fernheilung. Energie kennt weder Raum noch Zeit. Es ist hierbei völlig egal, ob der Klient vor mir liegt oder sich in Hamburg, den USA oder sonst irgendwo auf der Welt befindet.

Der Grund, warum ich diese Technik so liebe, ist, dass hierbei über das Gefühl, welches die Menschen mit einer bestimmten Situation verbinden, eingestiegen wird; zum Beispiel Angst, Wut, Trauer usw. Im Gegensatz zum reinen Coaching, wo versucht wird die Ursache über den Verstand aufzulösen, hat das Shamanic Coaching hier eindeutig seinen Vorteil. Das Gefühl kann zwar manchmal nicht so genau benannt werden, weil sich mehrere Gefühle vermischen, doch es bringt mich auf der Ebene der Energie dichter an die Ursache heran, als es der Verstand könnte. Danach ist es für mich so, als läuft ein Film vor meinem inneren Auge ab. Das heißt, durch die Erlaubnis des Klienten, wird es mir möglich, in sein Energiefeld zu sehen und dort zu arbieten. Was ich dort sehe, sind Bilder oder Szenen, die sich abspielen. All das, was ich dort vorfinde, bringe ich in Frieden, lasse den Menschen sich von Lasten verabschieden oder entferne die Dinge, die nicht zu diesem Menschen gehören.

Hierzu eine Geschichte, die Ihnen zeigt, was ich meine:

Diese Geschichte ist meine Lieblingsgeschichte. Das hängt nicht nur damit zusammen, dass es sich hierbei um die Behandlung eines guten Freundes handelt, sondern sie zeigt auch, wie schnell die Wirkung nach einer schamanischen Heilsitzung einsetzen kann.

Wir besuchten unseren Freund und saßen in der Sonne an seinem Pool. Mir war aufgefallen, dass er seinen Kopf immer angestrengt über Wasser hielt. Das war für mich als echte Wasserratte schon immer ein Stein des Anstoßes gewesen. Warum geht jemand schwimmen, wenn er davor Angst hat, einmal mit dem Kopf unter Wasser zu geraten? Also sprach ich Ihn auf diesen Punkt an und erfuhr folgendes: „**Tauchen geht gar nicht**. Weder mit noch ohne Taucherbrille." Mit Taucherbrille sei es sogar noch viel schlimmer. Eine Taucherbrille könne er nicht einmal außerhalb des Wassers aufsetzen, ohne dass er in Panik gerät.

Das wollte ich sehen. Wir setzten uns auf die Liegestühle, er holte die Taucherbrille seines Sohnes und hielt sie sich lediglich vor das Gesicht. Schon wurde er blass, bekam Angstschweiß auf die Stirn und wurde kurzatmig. Alle Stress- und Angstsymptome traten wirklich innerhalb von Sekunden auf. Dabei wollte er immer einmal Tauchen lernen und irgendwo im Meer die Fische beobachten. Doch das blieb Ihm verwehrt.

Ich schlug ihm daher eine Heilsitzung vor; jetzt und hier an Ort und Stelle. Er willigte ein und ich begann mit meiner kleinen Zeremonie und führte die Sitzung durch.

Ich fand eine fremde Seele, die es nach ihrem Tod nicht geschafft hatte, ins Licht zu gehen. Meistens sind für den Menschen, der diese Seele beherbergt, damit irgendwelche Muster verbunden. Hier war es die Angst vor dem Tauchen.

Die Seele, die ich fand, war ein ertrinkender U-Boot Soldat. Er kämpfte um sein Überleben und hatte immer noch die Atemmaske auf dem Gesicht. Doch er schaffte es nicht, den Ausstieg aus dem U-Boot zu nehmen. Etwas klemmte. So durchlief er immer wieder seinen Todeskampf. Ich zeigte dieser Seele den Weg ins Licht und beendete meine Zeremonie.

Nachdem ich meinem Freund die Geschichte um den ertrinkenden U-Boot Soldaten erzählt hatte, war er ziemlich erstaunt. Ich bat ihn, nun einen Versuch mit der Taucherbrille zu unternehmen.

Das tat er auch. Zunächst folgte die Trockenübung, während er im Liegestuhl saß. Es war ausgesprochen spannend für mich. Bevor er etwas sagte, war mir schon klar, dass eine Veränderung mit Ihm stattgefunden hatte, denn er wurde nicht blass. Es dauerte allerdings einige Minuten, bis er meine Beobachtung bestätigte. Keine Panik! Das war für mich die Bestätigung; die Sitzung hatte ihre Wirkung nicht verfehlt. Anschließend testete er das Ganze im Pool und war hoch erfreut über das Ergebnis.

Wie Sie an diesem Beispiel sehen, gibt es Verhaltensmuster, die Menschen mit sich führen und dafür keine Erklärung haben, warum sie sich so verhalten, wie sie es tun. Die Ursachen können, wie in dem geschilderten Beispiel, unerkannt bleiben, weil diese auf keinem Röntgen- oder Blutbild zu finden sind.

Diese Methode der Heilarbeit basiert ebenfalls auf dem Gesetz der Resonanz, denn die Ergebnisse, die mit dieser Arbeit erzielt werden, unterliegen diesem Gesetz. Die „Heilung," die eintritt, erfolgt deshalb, weil der Mensch sich nach Auflösung der Blockade oder dem Entfernen von fremden Energien selber heilt. Mit Hilfe dieser

Arbeit wird lediglich das Muster beseitigt, welches die Ursache dafür ist, dass ein Mensch „krank" geworden ist. Ist das Muster nicht mehr vorhanden, kann dem Gesetz der Resonanz folgend, auch die „Krankheit" nicht bestehen bleiben. Der entscheidende Punkt für ein positives Ergebnis ist, dass der Mensch die Veränderung wirklich will. Weniger wichtig ist, ob er an das, was ich tue auch glaubt.

Ich möchte allerdings klarstellen, dass ich hier mit dem Wort „Heilung" folgendes als Sinn hinterlege. Heilung ist hier für mich der Akt, der einen Menschen wieder ins Gleichgewicht bringt. Völlig egal mit welchen lauteren Mitteln dies geschieht.

„Krank" ist für mich ein Mensch, der sein Potential nicht leben kann, weil er in irgendwelchen Mustern gefangen ist. Das Muster oder das nicht gelebte Potential kann zu Krankheit führen. Es ist aber auch möglich, dass es zu Einsamkeit, Ängsten, Armut, den falschen Partnern oder dem falschen Job führt. Die Umstände verändern sich in dem Maße, in dem sich der Mensch im Inneren verändert.

Diese Veränderung ist im ganzen Universum zu spüren. Wie kann das sein? Stellen Sie sich eine alte Taschenuhr vor, die noch ein mechanisches Werk besitzt. Diese hat einen Sekunden-, Minuten- und Stundenzeiger sowie eine Datumsanzeige und eine Anzeige für die Mondphasen. Also ein echtes Prachtstück. Bewegt sich der Sekundenzeiger eine Sekunde weiter, wird der Minutenzeiger die Veränderung am stärksten spüren. Der Stundenzeiger wird müde lächeln und die Datums- wie auch die Mondphasenanzeige spüren vielleicht gerade einmal ein Kribbeln. Dennoch hat es die Veränderung gegeben und sie hat Auswirkungen bis ins letzte Zahnrad. 1.000 Sekunden später werden auch die anderen Zahnräder deutlicher diese Veränderung wahrnehmen.

Sie sind dieser Sekundenzeiger. Je mehr Sie in den Fluss Ihres Lebens kommen, also je mehr Sie alte Muster über Bord werfen, umso stärker wird Ihre Umwelt darauf reagieren und umso mehr reagiert das Universum darauf.

Als nächstes stelle ich Ihnen eine Übung vor, mit der Sie an verborgene Glaubenssätze herankommen können, um diese aufzulösen. Damit sind die Glaubenssätze gemeint, die sich nicht direkt zeigen wollen. Sie tun es sehr unbewusst: Schmerzen im Knie, Erkältungen, kleine Streitigkeiten etc. Es ist eine Methode der Inkatradition. Sie benötigen als einziges Hilfsmittel einen kleinen, flachen Stein.

Übung 11: Die Heilreise der Inka

Diese Heilreise dient den Zwecken, alte Glaubenssätze, Traumata oder Seelenverträge aufzulösen. Sie entspricht in großen Zügen einer Meditation und führt Sie bis in eine Höhle und dort zu Jambas, den Hüter der Unterwelt und seinen drei heiligen Räumen. Dort ist Ihre Imagination, Ihre Phantasie oder Ihr Vorstellungsvermögen gefragt. In diesen Räumen geht es darum, Bilder vor Ihren inneren Augen entstehen zu lassen. Hier haben wir eine Mischung aus dem zufälligen Tagträumen und dem kontrollierten Tagtraumen. Während Sie auf dem Weg zu den heiligen Räumen von Jambas sind, gestalten Sie Ihre Bilderwelt. Innerhalb der drei Räume erzeugen Sie die Bilder auf keinen Fall selber. Lassen Sie sich Zeit und schalten Sie den Kopf ab. Für den Fall, dass es Ihnen am Anfang dies nicht so gut gelingt, möchte ich sie noch den kleinen Trick erinnern.

Stellen Sie sich in diesen Räumen die Frage:

Jetzt bin ich mal gespannt, welches Bild mir als nächstes gezeigt wird?

Damit Sie direkt beim ersten Mal etwas von der Wirkung dieser Heilreise spüren können, lesen Sie bitte zuerst einmal die gesamte

Übung durch.

Als erstes benötigen Sie einen kleinen flachen Stein. Es kann ein ganz normaler Kiesel sein oder auch ein Kristall.

Sie bestimmen Ihr Thema, weswegen Sie die Heilreise antreten. Seien Sie dabei genau und nicht allgemein. Es geht hier zum Beispiel nicht um Gesundheit, sondern um das genaue Symptom, wie Schmerzen im Rücken oder Mattigkeit. Bestimmen Sie das Gefühl, welches Sie mit diesem spezifischen Thema verbindet. Das kann eine Wut, Angst, Trauer oder Hilflosigkeit sein. Dieses Gefühl pusten Sie DREI Mal in Ihren Stein. Dann legen Sie sich hin und positionieren den Stein intuitiv auf eines Ihrer Chakren.

Es gibt sieben Chakren oder auch Energiezentren genannt. Diese liegen auf der Körpermitte verteilt. Das erste Chakra liegt im Schritt. Das zweite Chakra finden sie ca. zwei Finger breit unterhalb des Bauchnabels. Die Position des Dritten ist der Solarplexus oder auch das Brustbein genannt. Das vierte, das Herzchakra liegt ca. eine Handbreit über dem Solarplexus. Das Hals-Chakra ist am Kehlkopf zu finden. Die Lage des fünften Chakras, dem dritten Auge, ist die Mitte zwischen den Augenbrauen und zu guter Letzt befindet sich das Kronen-Chakra auf der Schädelmitte. Jetzt beginnt die eigentliche Heilreise.

Schließen Sie die Augen und folgen Sie einige Atemzüge lang dem Ein- und Ausatmen Ihrer Lunge. Beobachten Sie, wie sich Ihr Brustkorb hebt und senkt. Lassen Sie sich atmen und spüren Sie noch einmal den Boden oder das Bett auf dem Sie liegen. Sobald Sie das Gefühl haben, dass Sie starten wollen, stellen Sie sich eine Wiese vor. Sie stehen auf einer Wiese und haben dort die Zeit diese genauer zu betrachten. Nutzen Sie die Zeit, um tiefer einzutauchen, indem Sie vielleicht wahrnehmen, wie die Sonne Ihre Haut wärmt und Sie die Blumen auf der Wiese betrachten. Sie werden einen

Weg entdecken, der Sie zu einem Wald führt und gehen in diesen Wald, dem Weg folgend, hinein. Sie folgen diesem Weg eine Zeit lang und gelangen schließlich auf eine große Lichtung. Dort befindet sich ein See und in diesen See stürzt ein Wasserfall, genau an dem Ihnen gegenüberliegenden Ufer. Sie gehen in den See hinein, prüfen die Temperatur des Wassers, ob es für Sie angenehm warm oder angenehm kühl ist und schwimmen auf den Wasserfall zu. Dort angekommen tauchen Sie unter dem Wasserfall hindurch und entdecken dahinter den Eingang zu einer Höhle. Sie folgen der Höhle in den Berg hinein, solange bis Sie zu einem Licht gelangen und dort eine Leiter finden. Diese klettern Sie hinauf und kommen auf einem Plateau innerhalb der Höhle an.

Hier angekommen rufen Sie nach Jambas, dem Hüter der Unterwelt. Dieser kann Ihnen als Mann oder Frau in jedweden Alter und in jeglicher Hautfarbe erscheinen. Sie fragen Jambas nun, ob er bereit ist, Sie mit dem von Ihnen gewählten Thema durch seine heiligen Räume zu führen. Lehnt er es ab, Sie zu begleiten, machen Sie sich wieder auf den Rückweg. Eine Ablehnung erfahren Sie meistens dann, wenn Sie nicht bereit sind das Thema wirklich loszulassen oder, wenn Sie Ihr Thema zu allgemein formuliert haben. Gesteht er Ihnen also die Gunst zu, was in den meisten Fällen so ist, Sie durch die drei heiligen Räume zu begleiten, gehen Sie mit Ihm in den Ersten Raum.

<u>Der Raum der Erinnerungen:</u>

Hier begegnen Ihnen Entsprechungen Ihres Themas in Form von Bildern, Szenen oder Gegenständen. Es können Ihnen bekannte Gesichter darunter begegnen oder völlig fremde. Das spielt keine Rolle. Nehmen Sie das Gezeigte einfach ohne Wertung wahr und an. Achten Sie dabei auf Ihre Gefühle. Falls Sie etwas von den gezeigten Bildern nicht verstehen, können Sie durchaus fragen:

Welche Bedeutung hast Du für mich?

Haben Sie alles gesehen und alles aufgenommen, verlassen Sie den Raum und bedanken sich vorher bei Jambas dafür, dass er Ihnen diesen Raum gezeigt hat.

Anschließend gehen Sie mit ihm in den nächsten Raum.

Der Raum der Glaubenssätze:

In diesem Raum wird Ihnen der zu Ihrem Thema gehörende Glaubenssatz oder Seelenvertrag genannt. Sie können diesen in einem Buch lesen oder auf einer Rolle, auf eine Wand geschrieben oder in der Luft entstehend. Sie können Ihn auch einfach gesagt bekommen, also hören. Auch hier gilt: einfach annehmen, was Sie lesen oder hören. (Der veränderte und damit neue Glaubenssatz kommt später zu Ihnen.) Nachdem Sie Ihren Glaubenssatz empfangen haben, gehen Sie mit Jambas nun in den dritten Raum.

Der Raum der Möglichkeiten:

In diesem Raum werden Sie wieder Bildern oder Szenen sehen, wie sich Ihr Leben von nun an entwickeln kann. Auch hier gilt, wie im ersten Raum: Nehmen Sie das gezeigte einfach ohne Wertung wahr und achten Sie dabei wieder auf Ihre Gefühle. Haben Sie sich verändert?

Haben Sie auch hier alles wahrgenommen, bitten Sie Jambas um ein Geschenk oder ein Symbol. Meistens hält er eines für Sie bereit. Die Bedeutung dieses Symbols wird sich Ihnen vielleicht nicht immer direkt erschließen, manchmal auch nie. Das ist nicht so wichtig. Die Energie des Symbols ist die Kraft, die in Ihnen weiterwirken wird.

Bevor Sie den Raum verlassen, fragen Sie Jambas, ob er Ihnen die

Energie des dritten Raumes und des Symbols mit auf den Weg gibt.

Jetzt geht es noch einmal in den zweiten Raum.

Raum der Glaubenssätze:

Nun erfahren Sie Ihren neuen positiv formulierten Glaubenssatz. Sie können diesen wieder, wie beim ersten Besuch des Raumes, in einem Buch lesen oder auf einer Rolle, auf eine Wand geschrieben oder in der Luft entstehend. Sie können Ihn auch einfach gesagt bekommen, also hören. Mit Ihrem neuen Glaubenssatz, der ab jetzt wirksam ist, verlassen Sie diesen Raum.

Nun verabschieden Sie sich von Jambas und bedanken sich bei ihm, dass er Sie durch seine Räume geführt hat und machen sich auf den Rückweg, so wie Sie hierhergekommen sind. Höhle, Wasserfall, See, Lichtung, Wald bis zur Wiese. Bevor Sie den See verlassen, waschen Sie sich noch einmal symbolisch alle alten Energien ab, die noch an Ihnen haften könnten.

Auf der Wiese angekommen suchen Sie sich einen Platz, der Ihnen zusagt und legen sich dort hin. Stellen Sie sich wieder die Bilder oder die Energie aus dem dritten Raum vor und atmen Sie nun diese Energie sowohl von dem dritten Raum und als auch des geschenkten Symbols jeweils drei Mal in Ihr Herz-Chakra ein. Stellen Sie sich dabei vor, dass bei Einatmen diese Energie in Ihr Herzchakra einsinkt. Nun kommen Sie wieder zurück in den Raum und Ihren Körper. Es hilft Ihnen, wenn Sie sich strecken und die Muskeln ein paar Mal anspannen. Damit endet die Heilreise und Sie können sich einige Notizen dazu machen.

Das sehen oder erspüren von diesen Energien kann jeder lernen, der den Drang dazu in sich spürt. Diese Heilreise ist ein erster

Schritt in diese Richtung. Je mehr Sie sich mit diesen Dingen beschäftigen, desto achtsamer werden Sie. Plötzlich fallen Ihnen die
Muster mehr und mehr auf, die Sie beschränken. Freuen Sie sich
auf diesen Weg.

Segnen und Danken

Eine wirklich gute Möglichkeit das Positive in Ihrem Leben zu fördern, ist die Praxis des Segnens und des Dankens. Sie können alles und jeden segnen, von dem Sie wollen, dass es sich in Ihrem Leben manifestiert. Ein Segen ist so etwas wie ein guter Wunsch für einen anderen Menschen oder etwas Anderes. Dahinter liegt wieder das Gesetz der Resonanz und dass die Energie der Aufmerksamkeit folgt.

Ich gebe Ihnen ein Beispiel:

Wir waren vor gar nicht allzu langer Zeit auf einer Messe und boten unsere Kristalle und Heilsteine zum Verkauf an. Der erste Tag war finanziell nicht gerade das, was wir uns erhofft hatten. Die Einnahmen waren gering und unsere Stimmung nicht so wirklich gut. Am nächsten Morgen startete die Messe genauso für uns. Da hatte ich die Idee, alle Menschen an unserem Stand im Stillen zu segnen und erst recht segnete ich die Kunden, die bei uns kauften. Außerdem segnete ich das Geld, welches wir einnahmen. Das machte ich an diesem und am nächsten Tag, bis die Messe zu Ende ging. Das Ergebnis war: Wir hatten noch nie so viel Umsatz auf einer Messe gemacht.

Segnen heißt auf der einen Seite dankbar zu sein und den Wunsch nach mehr zum Ausdruck zu bringen. Auf der anderen Seite richtet sich die Aufmerksamkeit auf das aus, wovon ich mehr haben möchte. Dort wo die Aufmerksamkeit hingeht, da bekomme ich ein Ergebnis.

Sollte es also Ihr Wunsch sein, mehr Geld zu verdienen und zu bekommen, dann macht es sehr wohl Sinn, alles was für Sie ein Symbol von Geld ist, sowie alles Geld, welches Ihnen zufließt, zu segnen.

Haben Sie den Eindruck, dass die Waage zu viel anzeigt, segnen Sie alle schlanken Menschen und alle Symbole, die für Sie für eine schlanke Figur stehen und wenn es ein Zaunpfahl, ein Bleistift oder sonst ein Gegenstand ist. Seien Sie kreativ damit.

Wollen Sie liebevolle und harmonische Beziehung? Dann segnen Sie Menschen oder besser Paare, die eine solche Beziehung leben oder schon sehr lange Leben. Vielleicht gehören Ihre Großeltern dazu. Es gibt auch Tiere, die monogam leben, wenn diese einmal zusammengefunden haben. Auch diese können Sie segnen.

Sie wünschen sich mehr Ordnung und Koordination in Ihrem Leben. Dann segnen Sie Bienen und Ameisen, die leben in wirklich gut organisierten Staaten.

Also, lassen Sie Ihrer Kreativität freien Lauf.

Ein Segensspruch kann so lauten:

Ich danke für das Geld, welches seinen Weg zu mir findet und segne seine Anwesenheit in meiner Geldbörse oder in meiner Kasse oder auf meinem Konto oder auf dem Sparbuch.

Ich segne diesen schlanken Menschen und dass er die Figur hat, die ich mir für mich Wünsche. Begleite ihn beste Gesundheit auf seinem Lebensweg.

Durch dieses Tun wird Ihrem Unterbewusstsein mit der Zeit klar, was Sie sich wünschen und es wird die Weichen dementsprechend stellen. Doch bevor Sie in diese Richtung starten, will ich mit Ihnen noch einen völlig anderen Part behandeln.

Danken

Was gibt es Schöneres als für das, was man getan hat, ein „Danke" zu empfangen? Vermutlich stimmen Sie mir da zu. Wie oft bedanken Sie sich; bei wem und vor allem für was?

Welchen Sinn hat das Danken in Bezug auf das Gesetz der Resonanz? Die Antwort ist einfach: Wie soll das Universum wissen, an welchen Dingen Sie Freude haben, wenn Sie alles gleichmütig hinnehmen und annehmen? Danken Sie für eine Sache (zum Beispiel Geld), die Sie erhalten haben oder ein tolles Erlebnis, das Ihnen widerfahren ist, wird dem Universum klar, dass Sie gerne mehr davon wollen. Denn dort liegt in dem Moment Ihre Aufmerksamkeit und wo die Aufmerksamkeit hingeht, dort folgen auch Ergebnisse.

Danken ist ebenfalls eine Form um Respekt auszudrücken, dem Sie der Person, einer Handlung oder einer Situation entgegenbringen, die sich für Sie Arbeit gemacht hat, sich für Sie eingesetzt hat, Ihnen ein Geschenk gemacht hat. Mit diesem Wort zeigen Sie, dass Sie die Dinge, die für Sie getan wurden, auch wertschätzen. Somit sind Respekt und Wertschätzung zwei Aussagen, die in dem Wort Danke stecken und die Sie den Menschen schenken, denen Sie Danke sagen.

Sie dürfen auch gerne Ihrem Körper danken. Schließlich dient er Ihnen schon einige Jahre und Jahrzehnte als Heimat Ihres Geistes oder Ihrer Seele. Sie wissen, die positive Information freut ihn und führt dazu, dass er sich weiterhin bemüht sich und damit auch Sie gesund zu halten.

Ihr Partner freut sich bestimmt auch über ein „Danke", wenn er gekocht hat, die Wäsche gewaschen hat usw. Ein wiederholtes Danken verbessert dauerhaft die Atmosphäre in Ihrer Beziehung, denn Sie wertschätzen das, was Ihr Partner für Sie und Ihre Familie tut. Das Gesetz der Resonanz wirkt auch hier.

Somit kommen wir zu einer neuen Übung.

Übung 12: Ich bin dankbar für

Nehmen Sie ein Blatt Papier oder ein kleines Büchlein und schreiben Sie auf, wofür Sie in Ihrem Leben dankbar sein können. Das Büchlein hat den Vorteil, dass es meist nicht verloren geht und eine Möglichkeit bietet, mal wieder hineinzuschauen. Sie können bei Ihren Vorfahren beginnen, die es geschafft haben, diese Erblinie bis heute erhalten zu haben, sonst würden Sie nicht existieren. Sie dürfen auch gerne chronologisch vorgehen; angefangen in Ihrer Kindheit. Schauen Sie sich ruhig alle Bereiche Ihres Lebens an: Eltern, Kinder, Partner, sich selbst, Beruf, Natur, Urlaube etc.

Die hohe Kunst besteht am Ende nun darin, falls Sie sich für die Variante mit dem Büchlein entschieden haben, dass Sie sich dieses Büchlein täglich vornehmen. Dann schreiben Sie auf, wofür Sie an diesem Tag dankbar sind und zwar mindestens drei Dinge. So haben Sie sehr schnell ein Buch in der Hand, das Ihnen immer wieder zeigt, wie sehr Sie in Ihrem Leben beschenkt worden sind. Bessere positive Energie können Sie kaum noch aufnehmen und dann aussenden.

Das können Sie noch weiter unterstützen, indem Sie gewisse Ergebnisse feiern.

Ich selber habe es mir zur Angewohnheit gemacht, abends, wenn ich Bett liege, für alles zu danken, was mir in den Sinn kommt: für meine Frau, meine beiden süßen Katzen, meine Kollegen, meinen Teilnehmern für die Teilnahme an den Seminaren, für meine Klienten, für die ich arbeiten darf, für das Geld, welches ich eingenommen habe, für neue Verträge, die ich abschließen konnte, für das Gemüse aus dem Garten, dafür, dass meine lieben Mitmenschen noch am Leben sind, diese Existenzebene mit mir teilen und viele andere Dinge, die mir dann so einfallen.

Seit ich das tue, bekomme ich mehr von den Dingen, für die ich regelmäßig Danke sage.

Aus diesem Grunde lege ich Ihnen diese kleine Übung sehr ans Herz.

Mit dem Danken ist es gar nicht so viel anders als mit dem Segnen. Danken zeigt Ihrem Unterbewusstsein, wovon Sie mehr haben möchten. Es ist fast wie ein Wunsch, nur meist ohne Hintergedanken. Denn beim Danken freuen Sie sich einfach, dass Sie etwas bekommen haben; egal ob es Liebe ist oder Geld oder ein leckeres Essen, ein Liebesbeweis von Ihrem Partner oder Ihren Kindern oder den Eltern; ein Lob von Ihren Lehrern oder ihrem Chef bzw. Ihrem Vorgesetzten.

Wie schon erwähnt, ist es eine gute Idee, wenn Sie ins Bett gehen, sich vor dem Einschlafen kurz noch einmal Gedanken zu machen. Wofür Sie dankbar sind und dies in Gedanken oder leise ausgesprochen zu formulieren.

Ich danke im Stillen. Mein Ziel dabei ist es, für mindestens zehn Erlebnisse oder Situationen zu danken. Es geht immer. Für mich hat es inzwischen in etwa die Bedeutung eines Gebetes. Ich danke Gott für all die positiven Zuwendungen.

Probieren Sie es aus. Es funktioniert. Ihr Leben wird immer gelassener, freudvoller und reicher.

Alternativen zum Bett sind regelmäßige Wege, die Sie gehen oder fahren. Auch hier ist genug Zeit sich Gedanken zu machen, wofür Sie danken wollen.

Wünsche und Ängste

Wünsche haben eine mystische Bedeutung für uns. Es gibt unzählige Märchen und Mythen, in denen den Helden 3 Wünsche erfüllt werden können. Allerdings haben diese, bis zu dem Punkt an denen Ihnen die Wünsche angeboten werden, oft etwas Heldenhaftes, Selbstloses oder sehr Liebevolles getan. Wünsche können sehr verschieden begriffen werden.

Zum einen kann ein Wunsch als etwas Erstrebenswertes angesehen werden, von dem wir ausgehen, dass wir es nie erreichen können. Hier können Sie den Begriff Wunsch vielleicht auch mit dem Wort Traum beschreiben. Er ist anscheinend jenseits unserer Möglichkeiten, also tun wir nichts dafür.

Zum anderen kann der Wunsch als etwas Erreichbares und Greifbares begriffen sein. Hier wissen Sie also, dass Sie es schaffen können, wenn Sie es nur ernsthaft wollen. Doch vielleicht wollen Sie es ja gar nicht. Vielleicht ist es nur ein Trugbild, von anderen Mächten erschaffen, um Sie zu verwirren.

Zum Schluss gibt es den Wunsch noch mit der Bedeutung, dass dieser Wunsch ein wirklich von Ihnen aus Ihrem Innersten stammender Wunsch ist; nicht durch Medien oder andere Menschen beeinflusst wurde. Es ist Ihr ganz persönlicher Wunsch oder Ihr ganz persönliches Ziel und Sie wissen, dass Sie es erreichen, weil Sie bereit sind dafür etwas zu tun. Mag es schnell gehen oder etwas mehr Zeit in Anspruch nehmen. Sie haben das klare innere Wissen, dass Sie diesen Wunsch erreichen.

Wünsche haben auch viel mit Ablehnung also mit Ängsten zu tun, denn wer wünscht sich schon arm, krank, erfolglos oder einsam zu sein. Sie wünschen sich doch eher reich, gesund, erfolgreich zu sein und geliebt zu werden.

Hinter all diesen Wunschthemen oder zumindest hinter den meisten, steht eine Ablehnung von etwas oder, wenn ich so sagen darf, eine Angst vor etwas.

Vielleicht lehnen Sie ein Verhalten Ihres Arbeitskollegen ab, vielleicht Ihren Arbeitsplatz an sich oder das Verhalten Ihres Bankers oder Arztes. Möglicherweise lehnen Sie ja unbewusst Erfolg ab und Geld oder gar sich selbst.

Ich habe einen Kunden, der eine Zeitung herausgeben wollte. Er tat sich wirklich schwer damit, das Ganze in einen vernünftigen Rahmen zu packen. Er hatte schon einige gute Arbeitsstellen gehabt und sich immer wieder selbst ins Abseits gestellt. Während einer Aufstellung wollte ich dann wissen, ob er Erfolg ablehnt. Er verneinte das erst einmal direkt.

„Wer lehnt schon Erfolg ab? Da wäre ich ja schön blöd!"

Doch das Ergebnis der Aufstellung war eindeutig: Erfolg? NEIN danke!

Daher verwendeten wir die nächste Aufstellung, um den Bereich Erfolg wieder in sein System zu integrieren. Es hat hervorragend funktioniert. Die Zeitung ist erfolgreich und der Herausgeber kann den Erfolg annehmen.

Dinge die wir bewusst oder unbewusst ablehnen, beeinflussen uns stärker, als wir es gerne wahrhaben wollen. Doch wie komme ich an all die Themen, die ich ablehne?

Im Grunde ist es recht einfach.

Was wünschen Sie sich?

Übung 13: Die Wunschliste

Nehmen Sie sich einige Blätter Papier oder ein kleines Heft, in welches Sie fortlaufend Ihre Notizen erweitern können. Im ersten Schritt ist es sinnvoll, einige Bereiche festzulegen, in denen Sie Wünsche haben. Das können Sie in verschiedene Bereiche gliedern, so wie Sie es für richtig halten oder zum Beispiel wie folgt:

- Privat
- Beruf
- Finanzen
- Partnerschaft
- Eigene Entwicklung usw.

Diese Gliederung hilft Ihnen den Überblick zu wahren, welche Wünsche Sie in welchen Lebensbereichen haben. Nehmen Sie das Blatt am besten quer oder kleben Sie zwei Blätter aneinander; Sie werden den Platz benötigen. Teilen Sie sich diesen so entstandenen Platz in drei Spalten ein.

Fertig mit der Blatteinteilung? Dann beantworten Sie folgende Frage:

„Was wünsche ich mir in mein Leben?"

Schreiben Sie in der linken Spalte munter darauf los und notieren Sie sich gleiche oder ähnliche Wünsche, wenn Sie in mehreren Bereichen auftauchen, ruhig doppelt und dreifach. Stehen am Ende ähnliche Wünsche mehrfach auf den unterschiedlichen Listen, heißt das nur, dass dies ein besonders wichtiger Punkt ist, der Ihnen in Ihrem Leben derzeit fehlt. Allerdings sind wir ja hier, um dies zu ändern. Also schreiben Sie munter Ihre Wünsche auf. Gemeinsam schauen wir hinterher die Wünsche an und finden heraus, warum Sie der Meinung sind, dass diese Dinge in Ihrem Leben fehlen und was noch dahinterstecken könnte.

Ist das Aufschreiben der Wünsche erledigt, so kommen Sie jetzt zu dem Part der Arbeit, der Ihnen die Augen schon ein wenig öffnen wird. Schauen Sie sich jeden Wunsch an und stellen Sie sich jetzt die Frage:

„Warum wünsche ich mir genau das?"

Formulieren Sie jetzt in der mittleren Spalte, warum für Sie dieser Wunsch in Erfüllung gehen soll. Sie werden staunen, was da zum Vorschein kommt. Die Formulierungen, die Sie hier benutzen, geben Ihnen erste Hinweise auf Ihre bisher verborgenen Ängste. Denn hinter jedem Wunsch, steht bei vielen Menschen etwas, das sie ablehnen, an sich selbst nicht mögen und damit aus Ihrem Leben verdrängen wollen. Schauen Sie bitte für sich genau hin.

Zum Beispiel wünschen Sie sich einen Partner, der Sie liebt, liebevoll umsorgt, Sie schätzt, Sie auf Händen trägt, Sie respektiert und achtet usw.

Nun könnte in der zweiten Spalte stehen, dass Sie schon viele schlechte Erfahrungen gemacht haben, enttäuscht wurden, schlecht behandelt wurden usw. und sich nun einfach den richtigen Menschen in Ihrem Leben wünschen. Eventuell steht da auch einfach: „Ich will geliebt werden." Das bedeutet letzten Endes nur, dass Sie keine Lust mehr auf Partner haben, die Sie ausnutzen oder benutzen. Sie wollen keine Partner mehr, die Sie nicht wirklich lieben und schätzen. Sie wollen keine Lügen und Märchen in Ihrer Partnerschaft.

Wie Sie sehen, kommen nun die Dinge ans Licht, die Sie ablehnen.

In der dritten Spalte schreiben Sie Ihre Antworten auf folgende Frage auf:

Welche Ängste oder Sorgen stehen hinter meinen Wünschen?

Dieser Punkt, an dem Sie über die Ängste, die hinter den Wünschen stehen, nachdenken, dient dazu, Ihnen zu offenbaren, dass da Ängste sind. Diese Ängste einfach und immer pauschal abzulehnen und diese von sich wegzuschieben, hilft Ihnen nicht weiter; im Gegenteil.

Folgendes ist ein erster Schritt: Erkennen Sie an, dass da Ängste sind. Erkennen Sie an, dass diese Ängste sich auf Ihr Leben auswirken, dass sie es unaufhörlich beeinflussen. Dabei geht es noch gar nicht darum, die Ängste einzeln zu benennen, Es geht darum, sich einzugestehen, dass diese Ängste da sind. Ist dies geschehen und Sie können sich sagen: „Ja, ich habe Ängste!" dann ist schon viel erreicht.

Im zweiten Schritt ist es Ihnen nun möglich, die Ängste durch ein wenig Nachdenken genauer zu benennen. Stellen Sie sich doch dazu die Frage: „Wie würde es mir gehen, wenn das Gegenteil meines Wunsches eintreffen würde?"

In unserem Beispiel könnten die Ängste sein: Ich habe Angst davor, nicht geliebt zu werden und wieder eine Enttäuschung zu erleben; Sie stellen fest, dass Sie sich selbst nicht lieben, was Sie schmerzt und Sie benötigen jemanden, der das für Sie tut. Sie haben Angst, weiterhin diese Schmerzen ertragen zu müssen; Sie fühlen sich ohne Schutz; Sie wollen nicht allein sein und fürchten sich vor der Einsamkeit usw.

Ein anderes Beispiel ist:

Ihr Wunsch: Sie wünschen sich mehr Geld, ein größeres Einkommen.

Warum-Spalte: Sie wollen sich mehr leisten können; Sie fühlen sich dann freier oder unabhängiger usw.

Angst-Spalte: Ich habe Existenzangst; Ich habe Angst davor, dass es nicht zum Leben reicht und anderen auf der Tasche zu liegen; ich habe Angst vor ewiger Abhängigkeit. Ich habe Angst davor, dass mir mein Leben sonst nichts mehr zu bieten hat; Sie fühlen sich abhängig; Sie haben Angst davor, als wertloses Mitglied der Gesellschaft zu gelten, weil Sie Unterstützung vom Staat annehmen müssen, um über die Runden zu kommen usw.

Ich bitte Sie wirklich, beginnen Sie Ihre Sätze mit den Worten: „Ich habe Angst davor ....". Dies ist einer der wichtigsten Schritte in Ihrem Leben. Sie machen sich bewusst, welche Ängste Sie lenken. Und Sie übernehmen Verantwortung, dadurch, dass Sie Ihre Ängste beginnen anzunehmen und schließlich wirklich annehmen. Ab diesem Zeitpunkt haben Sie die Möglichkeit, mit Ihren Ängsten zu arbeiten.

Vielleicht fragen Sie sich, was diese Übung für einen Sinn machen soll? Sind wir doch mal ehrlich! Schauen Sie lieber auf das Schöne im Leben oder doch lieber auf die Dinge, welche Sie nerven. Gerade im täglichen Leben neigen wir doch alle dazu, das, was uns stört, zu verdrängen. Haben Sie keinen guten Job, verdrängen Sie diesen Job in der Freizeit, weil Sie keine Lust haben, sich auch dann noch damit zu beschäftigen. Werden Sie auf Ihre Arbeit angesprochen, neigen Sie zum Jammern, Klagen, Stöhnen und Lästern. Kein Geld auf dem Konto, wer denkt dann schon gerne an seinen Kontostand oder wer spricht schon darüber, zu wenig Geld auf dem Konto zu haben. So geht es in einem fort.

Die Bedeutung für Sie ist, dass Sie durch das Verdrängen und Ablehnen der Ängste diesen abgelehnten Zuständen, Lebensumständen und Dingen Energie geben und das Universum versteht: „Ah, da gibt er doch schon wieder an dieses oder jenes viel seiner Energie. Dann will ich mal dafür sorgen, dass er mehr davon bekommt." Das ist das Gesetz der Resonanz. Sie erhalten mehr von dem, was Sie nicht wollen.

Im ersten Beispiel ist es so:

Sie lieben sich nicht und haben Angst, dass Sie auch sonst niemand lieben könnte. Oder Sie haben Angst vor dem Allein sein. Oder ...

Anders ausgedrückt, wünschen Sie sich Liebe, damit jemand anders Ihnen das gibt, was Ihnen fehlt oder Sie sich selbst nicht geben können.

Im zweiten Beispiel leben Sie im Mangeldenken. So lange, wie Sie glauben, dass es in Ihrem Leben nicht genug Geld gibt, wird es so sein.

Oder auch hier anders ausgedrückt: Sie wünschen sich mehr Geld, weil Sie davon überzeugt sind, dass dann alles einfacher wird. Sie lehnen Ihr Leben, so wie es im Moment in den finanziellen Bereichen sich gestaltet und manifestiert hat, ab.

Solange Sie diese Dinge und inneren Wahrheiten verdrängen und/oder ablehnen, erreichen Sie damit also eher das Gegenteil von dem, was Sie eigentlich erreichen wollen. Sie werden also weiterhin allein bleiben, niemanden finden, der Sie liebt oder weiterhin im finanziellen Mangel leben. So lange Sie diese Situationen ablehnen, geben Sie Ihnen die Energie, sich weiterhin zu manifestieren. Sie verstärken mit Ihrem Wunsch also, das Gegenteil von dem, was Sie sich wünschen. Es geht nicht darum, zu sagen: „Hurrah, ich lebe im Mangel!" sondern es geht darum, anzuerkennen und auch anzunehmen: „Ja, im Moment lebe ich im Mangel, weil ich mir diese Situation selber erschaffen habe, um gewisse Erfahrungen zu machen. Das ändere ich jetzt. Ich danke dem Mangel, er hat mir gedient und ab jetzt erschaffe ich mir ein Leben in der Fülle!"

Vielleicht beginnen Sie nun die Symbolik der Ängste zu verstehen; das, was Sie Ihnen sagen wollen.

Mir ging es so mit der Liebe. Ich suchte Menschen, die mich liebten, weil ich es nicht konnte und weil ich nicht allein sein wollte. So steckte ich plötzlich in einer Beziehung, die mir mehr und mehr zeigte, dass ich nicht geliebt wurde; das heißt: ich mich selbst nicht liebte und respektierte, beziehungsweise mich selbst nicht lieben oder respektieren konnte oder wollte. Allerdings verstand ich damals noch nicht, was mir gezeigt wurde. Ich war verzweifelt. Ich war sogar bereit eine Dummheit zu machen, doch mir fehlte der Mut.

Dann kam der Zeitpunkt, an dem ich aus der Beziehung ausbrach und diese beendete, trotz Kinder und allem.

Nachdem ich einige Zeit alleine gewohnt hatte, stellte ich fest, dass es mir besserging und dass ich auch gut alleine zurechtkam und eine Frau an meiner Seite schön wäre, aber es auch ohne sie ginge. Kaum hatte ich diese Erkenntnis und mir diese Umstände bewusstgemacht, hörte ich auf zu suchen und fand die Richtige. Jetzt sind wir verheiratet.

Die Symbolik für mich hinter dieser Angst und der damit verbundenen Erfahrung war und ist: nur, wenn ich mich liebe, komme ich auch mit mir zurecht und dann kommen auch andere Menschen mit mir zurecht und es kann eine glückliche Partnerschaft entstehen.

Es geht auch nicht darum, dass jeder Wunsch den wir äußern, sich in das Gegenteil verkehrt. Auch ist nicht jeder Wunsch zwingend mit einer Ablehnung verbunden. Es ist viel wichtiger, dass Sie sich darüber klarwerden, ob es so ist, wie ich es gerade beschrieben habe. Verdrängen Sie die negativen und unschönen Teile Ihrer Wünsche oder ist der Wunsch frei von einer Bewertung und dem Druck, dass etwas unbedingt geschehen soll. Sprich, ist es ein „Nice to have"!

Lange Jahre habe ich selber meine Ängste immer nur bei Seite geschoben und wollte nicht in die andere Richtung schauen; sozusagen mich der dunklen Seite der Macht zuwenden. Allerdings hat es mir nicht viel gebracht.

All das positive Denken, funktioniert nur, wenn ich mir eingestehe, dass es da noch andere Dinge gibt. Freue Dich über die Sonne und schaue nicht auf die Existenz des Schattens. Doch das Eine ist ohne das Andere nicht zu haben. Scheint die Sonne und Sie wenden sich ihr zu, können Sie den Schatten hinter sich zwar verdrängen, weil Sie ihn gerade nicht sehen und trotzdem ist er da. Werden Sie sich bewusst, dass hinter Ihnen ein Schatten ist! Haben Sie keine Angst davor. Denn, egal ob Sie Angst vor ihm haben oder nicht, der Schatten ist da, er bleibt und er bleibt nur ein Schatten, der ohne das Licht nicht existieren könnte. Beißt er Sie? Nein! Ganz im Gegenteil, er bietet vielleicht gerade einigen kleinen Lebewesen die Sonnenpause, welche Sie so dringend benötigen. Das ist wiederum eine Symbolik.

Konzentrieren Sie sich allerdings nur auf den Schatten, werden Sie die Sonne nie sehen. Leider gibt es auch diese Menschen. Sie haben immer etwas auszusetzen und keiner macht es Ihnen recht. Solche Menschen sind die Miesmacher der Nation. Selbst, wenn kein Haar in der Suppe ist, werfen Sie eines hinein, damit Sie es finden und eine Erfolgsmeldung abgeben können. Auch diese Menschen haben eine Symbolik für andere; nämlich die: „Ich will anders sein, als diese liebevollen Menschen und dadurch mehr Aufmerksamkeit bekommen! Ich kann durchaus das Schöne in meinem Leben finden und erkennen, doch dann nimmt mich keiner wahr!"

Das Ergebnis, welches Sie aus dieser Übung für sich ableiten ist eventuell, die Schatten anzuerkennen. Diese sind da und verschwinden nicht dadurch, dass sie verdrängt werden. Durch die Anerkennung dieser Tatsachen, entziehen Sie ihnen die Macht, die diese über Sie haben. Damit haben Sie schon einen großen Schritt getan.

Sie wünschen sich zum Beispiel Gesundheit und es ist Ihnen klargeworden, dass Sie das Thema Krankheit verdrängen. Dann kommt jetzt die Gretchenfrage:

Warum lehnen Sie Krankheit ab?

Die Antworten könnten folgende sein:

- Ich habe Angst vor Schmerzen.
- Mein Vater ist qualvoll gestorben.
- Ich habe Angst vor dem Tod.
- Ich habe Angst zu früh zu sterben.
- Ich habe Angst, nicht mehr leistungsfähig zu sein.
- Ich habe Angst, von anderen abhängig zu sein.
- Ich schäme mich für die Krankheit. Ich habe keinen Selbstwert usw.

Also, schreiben Sie sich Ihre Antworten auf. Es sind die Themen, Ängste und Muster, die Sie blockieren. An diesen Themen gilt es zu arbeiten und diese aufzulösen.

Somit können Sie nun formulieren, was Sie wollen. Sie wollen nicht mehr keine Krankheit; Sie wissen nun, welche Angst oder welche Ängste dahinterstecken; Sie wissen endlich, was Sie wollen und können es endlich benennen. Sie wollen Gesundheit! Sie wollen ein gesundes und langes Leben führen. Sie wollen leistungsfähig bleiben.

Vielleicht beginnen Sie nun mehr Sport zu treiben oder Ihre Ernährung umzustellen, weil Sie endlich wissen wofür.

Gibt es keine Antwort, die Ihr Verstand bereitstellt und Sie sich dennoch im Klaren darüber sind, dass es ein Thema für Sie ist, empfehle ich die Heilreise der Inka aus der Übung 11 zu machen. Da bekommen Sie die Antworten, die Sie suchen und lösen das Thema vielleicht direkt mit Hilfe dieser Übung auf.

Falls Sie sich an die Arbeit machen wollen, diese Themen aufzulösen, hilft auch Ho´oponopono, das Vergebungsritual aus Hawaii.

Stellen Sie fest, dass Sie alleine nicht weiterkommen, nehmen Sie Hilfe in Anspruch; suchen Sie sich einen Menschen, mit dem Sie vertrauensvoll arbeiten können. Ein Außenstehender kann oft besser helfen und mehr Bewegung in den Veränderungsprozess bringen, als Sie es allein bewerkstelligen können. Das liegt daran, dass er nicht in Ihre Themen involviert ist, also nicht in Ihrer Energie lebt, die für Sie schlicht und einfach Gewohnheit ist. Er steht Ihnen und Ihrer Entwicklung im besten Fall positiv gegenüber und will Sie fördern. So halte ich es.

Also: suchen Sie Ihre Ängste, erfassen Sie diese, nehmen Sie die Ängste an, schauen Sie auf die Symbolik, verstehen Sie, was die Ängste Ihnen zeigen wollen.

Ängste bieten Ihnen ein riesiges Entwicklungspotential, denn nur durch Reibung entsteht Wärme oder Entwicklung. Da wir in einer dualen Welt leben, können wir vor allem dadurch erfahren, was wir wirklich wollen, wenn wir erkennen, was wir tatsächlich nicht wollen.

Entscheiden oder Wählen

Ein Punkt, der ebenfalls mit Ablehnung zu tun hat, ist die Vielfalt im Leben, die uns immer wieder Entscheidungen abringt. Das Leben bietet Ihnen immer wieder viele Möglichkeiten an und Sie stehen vor der Qual der Wahl. Sehen Sie das so? Ist die Wahl für Sie eine Qual? Für viele Menschen mag es so sein.

Das liegt vielleicht daran, dass in dem Wort Entscheiden sich bereits diese Qual verbirgt. Es passiert eine Scheidung. Sie entscheiden sich für das Eine und müssen daher das Andere ablehnen. Eventuell verdrängen Sie dann die anderen Varianten, weil Sie nicht mehr an diese denken wollen. Bloß nicht darüber nachgrübeln, es könnte Ihnen ja noch etwas einfallen, warum der andere Weg doch der bessere gewesen wäre. Durch das Ablehnen geben Sie der abgelehnten Möglichkeit eine Energie, die Sie Ihr gar nicht geben wollen. Ist diese Energie aufgrund Ihrer Zweifel groß genug und verbunden mit der Angst, sich falsch entschieden zu haben, wird Ihnen das Ergebnis Ihrer Entscheidung nicht immer gefallen. Dann werden Sie sich wahrscheinlich den Satz sagen hören: „Ich habe es ja gleich gewusst!" oder „Hätte ich doch nur auf mein Bauchgefühl gehört!"

Eine eventuell bessere Variante ist es, zu wählen statt zu entscheiden. Wo liegt der Unterschied?

Stehen Sie zum Beispiel vor der Möglichkeit, Ihren Lebensweg in verschiedene Richtungen weiter zu gehen, besteht also eine Auswahl. Da Sie unmöglich alles Zukünftige vorhersehen können, bleibt Ihnen nur Eines. Aus den Dingen die Sie Wissen und den Wahrscheinlichkeiten, die Sie in die unterschiedlichen Wege interpretieren, einen Weg auszuwählen.

Seien Sie sich dabei ruhig Ihrer Ängste und Zweifel bewusst. Schauen Sie sich diese in Ruhe an. Ist die Angst real oder nur ein Hirngespinst? Ihre Angst ist in den meisten Fällen ein Hirngespinst, eine Konstruktion Ihres Egos. Sie tun nichts anderes, als eine eigene Erfahrung oder erlernte Verhaltensmuster und Glaubenssätze in die Zukunft zu projizieren. Sie haben sich zum Beispiel einmal am Feuer verbrannt und fürchten nun, dass dies wieder geschehen kann, wenn Sie das nächste Mal ein Streichholz anzünden. Ist das sinnvoll? Die Zukunft ist noch nicht hier; Sie haben gar kein Streichholz in der Hand. Wähle ich einen Weg oder ein Ding aus, erkenne ich die anderen Wege als Möglichkeiten an sowie auch meine Ängste und lehne beides nicht mehr ab. Sie haben diese gesehen und anerkannt, dass es andere Varianten gibt, die sich Ihnen gerade anbieten und wählen dann Ihren Weg ganz bewusst; das heißt, in dem klaren Wissen, dass Sie neu wählen können, falls Sie unzufrieden sind. Für unser Unterbewusstsein ist das ein großer Unterschied: Anerkennen oder ablehnen bzw. verwerfen. Für Sie als Mensch ist dies eine andere Anschauung mit großer Wirkung im Inneren. Eine Wahl ist weicher als eine Trennung in gut und schlecht. Damit ist Ihr Inneres weniger gestresst und einfach ruhiger. Sie gehen gelassener den gewählten Weg und haben dadurch die besseren Chancen, dass Sie auf diesem Weg erfolgreich sind.

Daher wünsche ich Ihnen, dass Sie in Zukunft immer die richtige

Wahl treffen.

Die kleinen Dinge des Lebens

Es gibt eine Menge kleiner Alltagsgesten, die Ihnen gestatten, mit Hilfe des Gesetzes der Resonanz Ihr Leben zu verbessern. Auf drei davon gehe ich näher ein.

Diese sind:

- Liebe
- Dankbarkeit
- Feiern

Eventuell finden Sie noch ein paar mehr Gesten der Achtsamkeit und Hilfsbereitschaft im Alltag; dann ergänzen Sie diese Liste einfach. Alles muss sich für Sie gut anfühlen und meine Ansichten sind nicht der Maßstab der Dinge für Ihr Leben. Mir geht es darum, dass Sie einen neuen oder einen zusätzlichen Blickwinkel bekommen und dann für sich wählen, welche, der im Buch vorgestellten Wege, Sie für gangbar halten. Einfache Handlungen sind oft wirksamer als hoch komplexe Methoden. Doch wie schon einmal erwähnt, ist, 10 Mal getan besser, als 100 Mal gewollt.

Liebe

Die Liebe ist wohl die stärkste Kraft im Universum und damit die stärkste Energie, aus dem das Gesetz der Resonanz Informationen zugetragen bekommt. Etwas, zu mögen, dass Sie toll finden oder jemanden zu lieben, der Ihnen nahesteht, ist relativ einfach. Dafür benötigen Sei keinen großen Aufwand. Es geschieht fast von allein. Allerdings sind mir die Auswirkungen der Liebesenergie erst auf einem Vortrag von Dr. Emoto so richtig aufgefallen, als ich die Bilder von Mustern oder Strukturen von eingefrorenen Wasserkristallen sah. Die schönsten waren die, welche mit den Worten Danke und Liebe in Verbindung kamen. Egal ob Sie gesprochen oder auf das Glas geschrieben waren. So wurde mir sehr deutlich bewusst, welche Macht hinter diesen beiden Worten und Energien steckt. Außerdem ist in diesem Moment ein Groschen bei mir gefallen; nämlich der, das Wasser ein Träger von Informationen ist. Wasser speichert also alle Informationen die wir Ihm gegenüber ausdrücken oder vielleicht einfach nur in seiner Nähe fühlen.

Sie können ja gerne einen kleinen Test mit sich selber machen; und sei es nur in der Vorstellung. Stellen Sie sich ein Glas Wasser auf den Tisch und beschimpfen Sie es auf das Härteste. Tun Sie das nur eine Minute lang. So und jetzt trinken Sie das Wasser. Wie, das wollen Sie nicht? Warum nicht? Wahrscheinlich sagt Ihnen Ihr Gefühl schon, dass dies keine gute Idee ist. Wer will schon alle diese schlechten Informationen in sich aufnehmen?

Jetzt machen Sie das Gleiche mit einem Glas Wasser, dass Sie loben und Ihm Danken und ihm sagen, dass Sie es lieben, es toll finden, es Ihnen und der Welt Leben spendet. Trinken Sie dieses Wasser? Ich denke schon. Da entsteht ein völlig anderes Gefühl.

Nur noch eine Anmerkung zum Nachdenken: Ihr Körper besteht zum größten Teil aus Wasser. So ca. 75% Ihres Körpers ist Wasser. Welche Informationen tragen Sie mit sich herum? Was denken und was sagen Sie über sich? All diese Informationen sind in Ihnen gespeichert. Nicht nur im Gehirn, sondern sprichwörtlich in Ihrem ganzen Körper. Wundert es Sie jetzt noch, dass Sie krank werden, wenn Sie schlecht über sich denken? Wollen Sie also weiter so wenig achtsam mit sich umgehen und Sätze wie: „Ich Trottel!" oder „Ich Idiot!" zu sich selber sagen? Beschließen Sie jetzt Ihre Gedanken zu ändern, damit sich Ihre Worte ändern und damit sich die in Ihnen, in Ihrem Körper gespeicherten Informationen zum Positiven ändern. Menschen, die schlecht über sich denken und sich nicht lieben, haben daher gute Aussichten ihre Gesundheit dauerhaft zu schädigen. Egal ob es bei einem Schnupfen anfängt und wo auch immer aufhört.

Nun eine kleine Übung. Sind Sie sich eigentlich bewusst, was Sie alles lieben?

Übung 14: Die Liebesliste

Eine kleine und wirkungsvolle Übung ist diese hier:

Machen Sie sich bitte zwei Listen. Liste Eins nennen Sie: Diese Personen liebe ich. Liste Zwei geben Sie den Titel: Diese Dinge und Beschäftigungen liebe ich.

Und schon können Sie loslegen. Schreiben Sie alle die Dinge und alle die Personen auf, die in Ihrem Maßstab unter lieben oder mögen fallen. Wobei Sie nicht so sehr darauf zu achten brauchen, ob es mehr in Richtung mögen oder in Richtung total verliebt geht.

Anschließend schauen Sie sich die Listen in Ruhe an und freuen sich an all den Personen und Dingen, die Sie lieben. Das Gesetz der Resonanz reagiert auf Ihre Schwingungen und wird Ihnen mehr von diesen Dingen und Personen anbieten, die Sie mögen oder lieben können. Eine wichtige Frage für Sie ist diese: Wer steht ganz oben auf der Liste? Ich hoffe, Sie haben sich an erste Stelle geschrieben; falls nicht, können Sie das jetzt nachholen.

Es ist wichtig, dass Sie sich lieben und annehmen, so wie Sie im Augenblick sind. So sind Sie eben jetzt. Denken Sie daran: Sie haben sich erschaffen und Ihr Leben bis hierher ebenfalls. Also lieben

Sie sich! Denn, wenn Sie sich nicht lieben, wie sollen es die anderen tun. Das Gesetz der Resonanz ist frei von Bewertungen. Es gibt Ihnen das, was in Ihnen die höchste Energie ausstrahlt. Anders gesagt: Falls Sie sich nicht annehmen und nicht lieben können, wird Ihnen das Universum den Spiegel vorhalten. Dieser Spiegel wird vielleicht so aussehen, dass Sie ständig auf Widerstand stoßen, Menschen begegnen, die Sie ausnutzen oder einfach stehen lassen oder verlassen usw. Je nachdem, mit welchen Glaubenssätzen sich dieses Verhalten paart, kann das echt bitter sein. Also beginnen Sie JETZT damit sich zu lieben. Lachen Sie und freuen Sie sich. Fragen Sie sich: „Was kann ich gut?" oder „Welche Eigenschaften liebe ich an mir?" Legen Sie los.

Machen Sie jetzt eine Liste mit dem Titel:

Welche Dinge ich an mir liebe!

Es gibt auch noch einen ganz praktischen Grund, warum Sie sich die Liebe geben, die Sie benötigen. Sie sorgen auch nur gut für sich, wenn Sie sich lieben. Und nur, wenn Sie gut für sich sorgen, kann es Ihnen auch wirklich gut gehen. Und wiederum, nur wenn es Ihnen gut geht, können Sie anderen Menschen eine Unterstützung geben. Das klappt nicht mehr, wenn Sie krank darniederliegen, weil Sie sich bis zum Letzten verausgabt oder aufgeopfert haben.

Hier liegt die Gefahr für Menschen mit einem Helfersyndrom oder auch für Menschen in pflegenden Berufen. Achten diese nicht auf ihren Körper, ihre Gesundheit, werden sie irgendwann selbst zum Pflegefall. Da bitte ich Sie, dass diesen Fehler zu vermeiden. Hierzu gehört es einfach, auch einmal NEIN sagen zu können. Dieses Nein ist in so einem Fall ein Liebesbeweis für sich selbst und zugleich ein wunderbares Lernfeld.

Achten Sie doch einmal darauf, welche Gefühle und Gedanken in Ihnen aufsteigen, wenn Sie gebeten werden, etwas zu tun, was Sie gar nicht tun wollen und Sie NEIN sagen. Wie fühlt es sich an, wenn das Nein akzeptiert wird?

Übung 15: Nein sagen

Hierfür benötigen Sie nur einen kleinen Block und einen Stift, den Sie bei sich tragen und natürlich die Gelegenheit, Nein sagen zu können. Vielleicht wollen Sie ja bei bestimmten Gelegenheiten gar nicht mit Nein antworten. Dann stellen Sie sich doch einfach kurz vor, Sie tun es.

Beobachten Sie Ihre Gedanken und Gefühle und schreiben Sie diese in Ihr Büchlein.

Vielleicht kommen folgende Gedanken:

- Was denkt der dann nur von mir?
- Das kann ich doch nicht machen!
- Was passiert, wenn ich einmal Hilfe benötige?
- Usw.

Ihre Gefühle, die dabei aufsteigen oder auch Ihre Ängste können folgende sein:

- Angst vor Ablehnung.
- Angst vor negativen Reaktionen.
- Angst nicht mehr geliebt zu werden.
- Angst vor Einsamkeit.

- Angst vor ....

Fragen Sie sich bei Ihren Gedanken, welche Angst steckt hinter diesem Gedanken oder warum denke ich das oder warum habe ich doch geholfen, obwohl ich es nicht wollte.

Mit diesen Fragen kommen Sie Ihren Urängsten immer näher. Sie beginnen, diese zu erkennen und in der Folge diese tatsächlich zu kennen. Das hilft Ihnen, aus den nebulösen Abgründen der Angst herauszukommen. Furcht besteht vor allem vor Dingen, die wir nicht kennen. Sehen wir diese Dinge klarer, können wir Sie besser einschätzen und folglich auch besser damit umgehen. So kann die Angst zu einem Ratgeber werden, anstatt als Gespenst in Ihren Gedanken herumzugeistern und Ihr Leben mit festen Griff zu um- klammern.

Lieben Sie das, was Sie tun und Sie brauchen nie mehr zu arbeiten.

So oder so ähnlich war der Satz, den ich neulich im Internet gelesen habe. Da ist eine Menge dran. Denken Sie nur an Ihre Hobbies. Ich vermute, die machen Ihnen Freude. Sie können bestimmt mit Begeisterung davon erzählen und andere mit Ihren Berichten be- wegen, ebenfalls das gleiche Hobby anzunehmen. Können Sie so von Ihrer Arbeit mit Freude erzählen oder ist es eher die große Nör- gelstunde, wenn Sie beginnen, darüber zu berichten? Denken Sie einfach daran, dass Ihnen das Universum mehr von dem gibt, auf dem Ihre Aufmerksamkeit liegt.

Aus diesem Grunde gibt es nun die nächste Übung, die da heißt: Lieben lernen.

Übung 16: Lieben lernen

Auch hier gestalten Sie sich bitte wieder zwei Listen. Liste Eins nennen Sie: Personen, die ich noch mehr lieben kann. Liste Zwei geben Sie den Titel: Dinge und Beschäftigungen, die ich noch mehr lieben kann. Dieses Mal teilen Sie die Blätter durch einen senkrechten Strich in der Mitte.

Nun schreiben Sie in die linken Spalten all die Personen und all die Dinge auf, die Sie so gar nicht mögen und ablehnen. Bitte lassen Sie etwas Platz zwischen den einzelnen Personen, Dingen und Beschäftigungen; so etwa drei Zeilen. Den Platz benötigen Sie später noch. Nun lassen Sie alles auf das Papier fließen.

Sehen Sie sich die Liste an, wenn Sie fertig sind und ergänzen Sie diese bei Bedarf.

Sie können direkt fortfahren, wenn Sie wollen oder später weitermachen. Denn jetzt kommt der spannende Teil dieser Übung.

Wie aber, lernen Sie nun diese Menschen zu lieben?

Da ist der erste Schritt, sich selbst zu lieben, mit allen Charakterzügen und Facetten, die Sie an sich mögen und auch denen, die Sie an sich nicht mögen.

Kommen wir zu den Menschen, die Sie nicht mögen. Hier, bei diesen Personen fragen Sie sich, welche Eigenschaften es an diesen Menschen gibt, die sie wertschätzen können oder wo Sie tolle Arbeit machen. Es ist vielleicht nicht so leicht, wie Sie es gerne hätten. Doch lassen Sie einfach mal Ihre Bewertungen über diese Personen aus dem Spiel und betrachten Sie Ihre Mitmenschen neutral; sofern es möglich ist. Sie werden vermutlich feststellen, dass Sie einige Teile an den Persönlichkeiten dieser Menschen finden werden, die Sie mögen oder sogar wertschätzen und lieben können.

Sowohl für die Personen als auch für die Dinge und Beschäftigungen, die noch folgen und an denen Sie nichts Gutes finden können, durchlaufen Sie anschließend das hawaiianische Vergebungsritual. Sie haben sich diese Umstände erschaffen, dann können Sie sich auch vergeben, dass Sie diese Umstände in Ihrem Leben manifestiert haben und dass es bisher so war. Mit ziemlicher Sicherheit wird dadurch Bewegung in Ihr Erleben kommen. Mit ziemlicher Sicherheit, können Sie so Ihr Leben verändern.

Tun Sie es.

Bei den Dingen, welche Sie ablehnen, schauen Sie darauf, welchen Aspekt der Dinge Sie von sich weisen. Lehnen Sie den Erschaffer ab oder die Aussage dieses Ding. Ist es Ihre Interpretation oder die eines anderen; usw.

Für die Beschäftigungen, die Sie nicht mögen, fragen Sie sich einfach: Welchen positiven Einfluss auf mich, meinen Partner, meine Freunde, meine Umwelt, die Natur usw. hat es, wird es haben, wenn ich dieser Beschäftigung mit Liebe nachgehe?

Also beginnen Sie alles und jeden zu lieben. So werden Ihre Umwelt und die ganze Welt etwas davon haben. Sie tun es nicht nur für die Anderen, Sie tun es vor allem für sich.

Und falls Sie sich fragen, ob ich das alles schaffe oder nur schöne und salbungsvolle Worte aufs Papier bringe? Nein! Ich schaffe das auch nicht alles, ich tue mein Bestes dafür, dass es immer besser wird und ich werde immer besser darin.

Übung 17: Ich liebe mich

Dennoch ist alles nichts, solange Sie sich selber nicht wirklich lieben. Also: falls Sie sich nicht lieben, ist diese Übung Gold wert für Sie. Und falls Sie sich doch lieben, kann diese Übung dazu beitragen, dass Sie sich noch mehr lieben.

Alles, was Sie für diese Übung brauchen sind zwei Dinge: einen Spiegel und 8 – 10 Mal am Tag EINE Minute Zeit. Eventuell benötigen Sie noch etwas Mut für diese Übung.

Und so geht diese Übung.

Stellen Sie sich 10 Mal am Tag vor einen Spiegel, schauen Sie sich in die Augen und lächeln Sie sich an. Dann sagen Sie die folgenden Worte zu Ihrem Spiegelbild:

Vorname, ICH LIEBE DICH.

Aus eigener Erfahrung kann ich Ihnen sagen, dass es sich das am Anfang merkwürdig anfühlt, sich diese Worte ins Gesicht zu sagen. Dennoch wird es schnell leichter, sich diese Worte zu sagen.

Es gibt allerdings auch Menschen, die es einfach nicht schaffen, sich diese Worte zu sagen. Für diese Menschen ist folgende Abwandlung des Satzes durchaus legitim. Sagen Sie sich einfach den folgenden Satz:

Vorname, ich bin bereit, Dich zu lieben. Oder:

Vorname, ich bin willens, Dich zu lieben.

Mit der Zeit wird es dann gehen, den Satz umzustellen auf „Vorname, ich liebe Dich!"

Vielleicht geht es Ihnen jetzt wie mir am Beginn dieser Übung und

Sie fragen sich: „Wo soll ich zehn Mal am Tag einen Spiegel hernehmen und mich so eine Minute lang ansprechen?"

Nun es geht! Ich konnte feststellen, dass ich außer zuhause im Bad, es auch an anderen Orten geht. Es tut der Rückspiegel im Auto, während ich an der Ampel stehe; oder ein Fenster, in dem ich mich spiegele; oder auf irgendeiner Toilette, in die ich mich kurz zurückziehen konnte. Es funktionierte. Vielleicht finden Sie noch mehr Möglichkeiten, wo Sie diese Übung durchführen können. Wichtig ist, dass Sie es tun. Die Wirkung ist einfach nur gut.

Feiern

Einen Sieg zu feiern, ist zum Beispiel im Sport schon so etwas wie eine Tradition. Es war auch eine klare Sache den vierten Stern der deutschen Nationalmannschaft für den Weltmeistertitel im Fußball zu feiern. Ich gehe einmal davon aus, dass einige meiner Leser diesen Sieg mitgefeiert haben.

Gestatten Sie mir hierzu ein paar provokante Fragen:

Was haben Sie dazu beigetragen?

Haben Sie dafür trainiert?

Haben Sie Stundenlang auf dem Platz Ihre Runden gedreht?

Haben Sie sich die Duelle und damit die blauen Flecken auf dem Feld geholt?

Haben Sie sich diesen Titel zum Ziel gesetzt?

Oder fanden Sie, es wäre mal wieder an der Zeit zu feiern; egal was?

Hauptsache feiern?

Ganz ehrlich: Haben Sie keine privaten oder beruflichen Siege zu feiern?

Falls Sie diese Frage mit NEIN beantworten, wäre dies ein trauriges Ergebnis. Es gibt Geburtstage zu feiern, sowie jeden neuen Tag, den Sie erleben dürfen und für den Sie danken können. Er gibt Ihnen immer wieder die Chance, Ihr Schicksal in die Hand zu nehmen und Ihr Leben zu verändern.

Neulich sah ich den Film über Neale Donald Walsch, den Autor der Bücher „Gespräche mit Gott.". Ich war sehr überrascht, wie sein Leben verlaufen ist. Bisher ging ich davon aus, dass er eine gute

Idee für ein Buch hatte und dann wurde es ein Bestseller. Doch es war wirklich völlig anders, als ich gedacht hatte.

An einen Punkt geriet Walschs Leben aus der Bahn und läutete einen ganz neuen Lebensabschnitt für ihn ein. Ein Feuer zerstörte seinen gesamten Besitz, seine Ehe zerbrach, und er erlitt schwere Verletzungen bei einem Autounfall. Aufgrund der Folgen des Unfalls verlor er seine Arbeit, wurde obdachlos und sah sich dazu gezwungen, in einem Zelt außerhalb einer Kleinstadt zu übernachten. Er sammelte Aluminiumdosen, um diese dann in einer Recyclingstation gegen Geld einzutauschen. Er beklagte sich laut und deutlich bei Gott, schimpfte ziemlich auf Ihn und wollte wissen, was das alles für ihn, Neale Donald Walsch, zu bedeuten hat. Allerdings hat er eines nie gemacht. Er hat sich nicht hängen lassen und hat die Hoffnung nie verloren. Nun, Gott antwortete ihm, als er endlich bereit war zuzuhören. So entstanden die Bücher „Gespräche mit Gott," die Ihn reich und berühmt gemacht haben.

Falls Sie diese Frage bezüglich privater und beruflicher Siege mit JA beantwortet haben und Sie haben diese Siege noch nicht gefeiert, dann holen Sie es nach. Sofort! Wie? Da wird Ihnen spontan etwas einfallen und wenn Sie einfach um den Tisch tanzen.

Übung 18: Gründe zum Feiern

Machen Sie sich eine Liste. Schreiben Sie auf welche Ziele und Abschlüsse erreicht haben. Welche privaten Ereignisse gab es zu feiern und wurden nicht gefeiert, weil es damals an der Zeit mangelte oder der Stress zu groß war?

Schreiben Sie alles auf, was Ihnen einfällt?

Der Grund des Feierns im Rahmen des Gesetzes der Resonanz ist Ihnen vielleicht inzwischen klar? Damit senden Sie eine Botschaft an das Universum aus. Die Nachricht lautet: Ich will mehr Erfolge feiern. Ich will mehr gute Dinge erleben, die ich dann feiern will.

Alles Erreichte einfach nur an- und hinzunehmen, ohne großen Wirbel darum zu machen, ist zwar sehr löblich, wenn Sie bescheiden sein wollen. Doch bescheiden sein wollen, scheidet Sie leider auch vom Erfolg. Ist Bescheidenheit für Sie nicht vielleicht eine Ausrede, um den Misserfolg vermeiden oder hinnehmen zu können? Vielleicht wollen Sie sich ja nur nicht die Blöße geben, sich einzugestehen, dass Ihr Leben bisher in Ihren Augen ohne große Erfolge verlaufen ist. Eventuell geben Sie sich Ihren Freunden und Bekannten gegenüber als bescheidener Mensch aus. Bitte schauen Sie hin. Es sich einzugestehen und es anzuerkennen, dass Ihr Leben bis hier hin nicht Ihr Traum vom Leben war, ist der erste Schritt hin zu einer Veränderung. Es zu verleugnen, gibt dem Misserfolg nur weitere Energie. Eine Methode um hier zu Veränderungen zu kommen, ist unter anderem Ho´oponopono.

Verstehen Sie mich nicht falsch. Gandhi war ein bescheidener Mensch, Mutter Theresa ebenfalls und viele andere mehr. Aber sie waren sehr erfolgreich mit dem, was sie taten und was dabei der wichtigste Punkt ist: Sie haben diese Bescheidenheit selbst gewählt. Sie wurden nicht dazu gezwungen, ihr Leben so zu gestalten. Es war auch keine Ausrede. Gandhi war Anwalt bevor er sich in aller Bescheidenheit anschickte, die Welt zu verändern. Und wenn es darum ging ihre Meinung zu äußern oder Spenden zu erhalten, waren sie alles andere als bescheiden.

Ich durfte einmal mit einem Unternehmer arbeiten, der mir seine Situation schilderte.

Er suchte mich auf, weil er mit diversen Punkten seines Lebens unzufrieden war. Er hatte mehrere Ausbildungen durchlaufen und war für seine jetzige Selbständigkeit wirklich optimal vorbereitet. Er vereinte die Fähigkeiten eines Dachdeckers, Energieberaters und Solateurs in einer Person. Eigentlich ein Glücksfall für jeden Kunden, der eine Photovoltaikanlage installieren möchte. Allerdings hatte er eine Insolvenz in einer vorangegangenen Selbständigkeit nicht vermeiden können. Dieses Erlebnis und die Notwendigkeit aufgrund der Insolvenz nicht viel Geld zu haben und zu verdienen, hingen Ihm noch nach.

Als wir uns zu einem ersten Coaching-Gespräch trafen, fielen mir in dessen Verlauf einige Punkte auf, die es diesem Mann schwer machten an Geld zu kommen. Sein Selbstbewusstsein und sein Selbstvertrauen waren ziemlich am Boden, was sich in seiner Unsicherheit deutlich ausdrückte. Außerdem herrschte eine unbewusste Angst in Ihm, zu viel Geld zu haben oder anders ausgedrückt, in finanzieller Fülle zu leben. Es könnte ihm ja wieder weggenommen werden. Eine seiner Aussagen darüber war: „Ich will gar nicht viel Geld, nur so viel, dass es zum Leben reicht! Ich würde zwar auch gerne wieder einmal segeln gehen, aber es muss nicht sein." Einen Glaubenssatz vom Feinsten hatte sich dieser Unternehmer da verinnerlicht.

Vielleicht können Sie sich vorstellen, dass genau dieser Wunsch sich in seinem Leben manifestierte. Kaum war Geld da, musste damit das eine oder andere Loch gestopft werden. So konnten die eigentlichen Wünsche und Ziele nur noch Träume bleiben. Er rackerte sich ab, ohne dass er sein Leben genießen konnte.

Nachdem wir einige Coaching- und Heilsitzungen miteinander durchlaufen hatten, begann sein Leben sich zu verändern. Es kamen wieder mehr Aufträge rein, sein Selbstbewusstsein hatte sich völlig verändert, sein Auftreten damit auch. Nun kann ich sagen, dass er die Fülle wieder in sein Leben gelassen hat und es geht ihm gut; so richtig gut.

Mit diesem Beispiel will ich Ihnen nur zeigen, dass immer eine Veränderung eintreten kann. Sie müssen nur die Bereitschaft in sich haben, es anzugehen; egal ob Sie es alleine tun oder mit Hilfe anderer schaffen. Wichtig ist, dass Sie es schaffen. Also bitte: Tun Sie etwas für die Veränderung.

Beginnen Sie heute! Beginnen Sie jetzt! TUN Sie es.

Egal mit welchen Schritt Sie starten, es ist der erste Schritt in ein neues Leben; in IHR neues Leben.

Heile Dich und Du heilst die Welt

Es ist erstaunlich, wenn Sie darüber nachzudenken beginnen, welche Auswirkungen die Arbeit an Ihnen selbst haben kann. Da jede Veränderung zum Positiven vergleichbar ist mit einem Stein, den Sie in einen See werfen. Die Wellen breiten sich in alle Richtungen gleichmäßig aus. Selbst, wenn Sie immer flacher werden, die Information, dass ein Stein in den See gefallen ist, läuft durch den ganzen See sowie die angrenzenden Zu- und Abflüsse.

So ist es auch mit Ihnen. Sie sind der Stein des Anstoßes, der in das Meer, ins Universum fällt oder sich voll Enthusiasmus hineinstürzt. Sie sind die Veränderung und diese Information erfährt und erfüllt das ganze Universum. Die stärksten Auswirkungen werden Sie in Ihrer direkten Umgebung spüren, bei Ihrer Familie und Ihren Freunden. Wir wurden in diese Welt geboren, um uns zu entwickeln. Wie ein Knäuel aus einem Seil oder einem Faden nur wenig Platz benötigt, so benötigt der abgerollte Faden deutlich mehr Raum. Nehmen Sie sich den Raum, um sich zu ent - wickeln.

Mit jedem Glaubenssatz, den Sie auflösen, mit jedem Muster, welches Sie ablegen können, mit jeder Angst, die verschwindet oder die Sie annehmen können und mit jeder Person, mit der Sie Frieden schließen können, heilen Sie sich selbst wie auch die Welt; und die Welt wird wieder ein bisschen besser.

Falls Sie in großen Dimensionen denken, so wie ich es zu Beginn des Buches dargestellt habe, werden Sie im Laufe der Zeit auch in diesen großen überpersönlichen Bereichen Veränderungen feststellen können.

Ich freue mich, dass Sie den Entschluss gefasst haben, Ihr Leben zu verändern und zu wachsen. Dazu wünsche ich Ihnen allen Mut,

Intuition, Achtsamkeit, alles Glück, Führung, viel Ausdauer und Erfolg, alles Liebe und die besten Ergebnisse.

Und: Lassen Sie mich teilhaben. Nichts ist schöner, als seine Erfolge jemanden mitzuteilen.

Weitere Tipps für den Fall der Fälle

Bei allen Übungen, die es erforderlich machen, dass wir einen gewissen entspannten Zustand erreichen, kann es geschehen, dass diese Übungen nicht von Anfang an den gewünschten Erfolg haben. Es gibt Menschen, die benötigen einfach mehr Versuche als andere, um in einen entspannten Zustand zu kommen. Das ist angesichts der Lebensweise vieler Menschen kein Wunder und kein Grund zur Besorgnis. Die Übung macht es.

Hierzu einige Tipps, um einen entspannten Zustand zu erreichen:

- Folgen Sie Ihrem Atem. Beobachten Sie, wie Sie geatmet werden. Das Atmen geschieht von ganz allein. Achten Sie darauf, wie sich Ihr Brustkorb hebt und senkt. Bleiben Sie ganz bei dieser Beobachtung, bis Sie ruhig sind; Ihre Gedanken zur Ruhe gekommen sind.
- Zählen Sie mit. Zählen Sie Ihre Atemzüge. Auch hier so lange, bis Ihre Gedanken zur Ruhe kommen.
- Zählen Sie mit jedem vollen Atemzug von zum Beispiel mit der 10 angefangen bis zur Null rückwärts, während Sie in Ihrer Vorstellung eine Treppe hinuntergehen. Sie können natürlich auch bei 15 starten.
- Alternativ kann eine instrumentale Entspannungsmusik helfen.

Kontakt

Thomas Fink ist Diplom-Mental-Coach, Seminar- und Ausbildungsleiter. Außerdem hält er Vorträge zu den im Buch beschrieben Themen; unter anderem arbeitet er auch für und in Unternehmen. Zusammen mit seiner Frau Angela ist er seit 2005 in diesen Bereichen tätig. Gemeinsam arbeiten Sie in einer Praxis für alternative Heilweisen.

Über seine Arbeit und Seminare können sich die Leser unter der Internet-Adresse *www.der-klang-der-erde.de* informieren. Hier erfahren Sie mehr zu Terminen und können Einzelsitzungen vereinbaren.

Danke

Ich bedanke mich bei Ihnen lieber Leser, dass Sie sich für dieses Buch entschieden haben, es kauften und sich anschließend damit beschäftigt haben. Ihnen gelten mein Dank und mein Respekt. Sie haben sich auf den Weg gemacht, ohne zu wissen, wohin er Sie führen wird.

Vielleicht begegnen wir uns einmal und Sie lassen mich an Ihren Erfahrungen teilhaben.

Bis dahin:

Danke

Haftungsausschluss

Die in diesem Buch vorgestellten Methoden und Übungen wurden sorgfältig erarbeitet und durch den Autor selbst nach besten Wissen getestet. Fehler können trotzdem nicht ausgeschlossen werden. Inhaltliche Fehler eröffnen keinen Haftungsanspruch gegen den Autor oder den Verlag.

Für eventuelle Nachteile, die aus der praktischen Arbeit und den Hinweisen dieses Buches resultieren, können weder der Autor noch der Verlag Haftung übernehmen. Der Leser ist dazu angehalten, in Eigenverantwortung zu entscheiden, welche Übungen und Hinweise er anwenden will, und dabei zu beobachten, was ihm guttut

Das Buch und sein Inhalt ersetzen in keiner Weise die Diagnose und die Therapien eines Arztes oder eines Heilpraktikers. Bei bestehenden und akuten Erkrankungen ist es daher unablässig seinen Arzt oder Heilpraktiker aufzusuchen und laufende Behandlungen nicht abzusetzen.

Es ist möglich die Übungen unter therapeutischer Aufsicht oder im Rahmen einer Ausbildung zu machen.

Zeitfracht Medien GmbH
Ferdinand-Jühlke-Straße 7
99095 Erfurt, Deutschland
produktsicherheit@kolibri360.de